Heiner Hastedt   **Sartre**

W0180263

Jean-Paul Sartre (1905–1980), der Begründer des
französischen Existenzialismus, gilt als einer der
umstrittensten Intellektuellen des 20. Jahrhunderts.
Im Mittelpunkt seines Denkens steht der Freiheits-
begriff. Dessen Radikalität zeigt sich etwa in der
berühmten Formulierung »Der Mensch ist nichts
anderes als das, wozu er sich macht«, die zu einem
Grundsatz des Existenzialismus wurde.
Während er in seiner Frühphase die Freiheit des
Individuums bei der existenziellen Wahl des eigenen
Lebens sehr stark betont, richtet Sartre seine
Aufmerksamkeit später auch auf das Verhältnis von
Individuum und Gesellschaft. Dabei sieht er den
Einzelnen nicht etwa als bloßes Opfer der Verhältnisse, vielmehr geht er von einem Zusammenspiel
zwischen Prägung durch die konkreten Umstände
und bewusster Selbstschaffung aus.
Die Kehrseite der Freiheit bildet die Verantwortlich-
keit, wie in Sartres Diktum, dass der Mensch dazu
verurteilt sei, frei zu sein, deutlich wird.

Heiner Hastedt, geboren 1958, ist Professor für
praktische Philosophie an der Universität Rostock.
Buchpublikationen u. a.: *Aufklärung und Technik.
Grundprobleme einer Ethik der Technik*, 1991; *Der
Wert des Einzelnen. Eine Verteidigung des Individualismus*, 1998; *Gefühle. Philosophische Anmerkungen*,
2005.

Grundwissen Philosophie

Sartre

von

Heiner Hastedt

RECLAM
LEIPZIG

Besuchen Sie uns im Internet:
www.reclam.de

© Reclam Verlag Leipzig, 2005
Reclam Bibliothek Leipzig, Band 20120
1. Auflage, 2005
Reihengestaltung Grundwissen Philosophie: Gabriele Burde
Foto von Jean-Paul Sartre © SV-Bilderdienst
Foto auf der Umschlagrückseite © privat
Gesetzt aus ITC Slimbach
Satz: Reclam Verlag Leipzig
Druck und Bindung: Reclam, Ditzingen
Printed in Germany
ISBN 3-379-20120-0

Inhalt

1. Sartre, das »Ungeheuer«: Intellektueller, Grenzgänger und Philosoph der Freiheit   7

2. Sartre als Nietzscheaner in Leben und Werk   15

3. Sartre im Kontext der französischen Philosophie   28

4. Sartres Theorie und Praxis des Engagements   38

5. Die Freiheit der Wahl im existenziellen Individualismus   51

6. *Das Sein und das Nichts:* Phänomenologie und Interpretation von Hegel, Husserl und Heidegger   58

7. *Fragen der Methode* und *Kritik der dialektischen Vernunft*: Neubestimmung von Freiheit und Gesellschaft in Auseinandersetzung mit Marx   77

8. *Der Idiot der Familie:* Situierte Freiheit und das Genre einer philosophischen Biografie   93

9. Sartre im Humanismusstreit: Zum philosophischen Dialog mit dem späten Heidegger, dem Strukturalismus, Foucault und Lévinas   103

10. Sartre in der Philosophie des 21. Jahrhunderts   112

Anmerkungen   115
Kommentierte Bibliografie   126
Schlüsselbegriffe   133
Zeittafel   137

1. Sartre, das »Ungeheuer«: Intellektueller, Grenzgänger und Philosoph der Freiheit

Jean-Paul Sartre (1905–1980) ist ein Philosoph der Freiheit – nicht der politischen oder gar der ökonomischen, sondern einer Freiheit gegenüber dem Schicksal, dem eigenen Herkommen, den Determinationen der Gesellschaft und gegenüber Gott. Geradezu süchtig hat Sartre seine Philosophie in fast jedem Genre der Literatur und Publizistik zur Geltung gebracht. Er ist ein Intellektueller, der inhaltliche Grenzen überspringt und frei mit Stilgattungen umgeht. So schafft er es wie kaum ein anderer vor und nach ihm, zugleich mit Dramen, Drehbüchern, Romanen, Tagebüchern, Briefen, Pamphleten, Zeitungsartikeln und philosophischen Abhandlungen zu brillieren. Sartre schreibt eigentlich immer, jedenfalls bis zu den autobiografischen *Wörtern* 1964 bzw. bis zu seiner teilweisen Erblindung im Jahr 1973.

Freiheit bildet den sachlichen Kristallisationskern seiner intellektuellen Grenzgängerei. Eine solche Figur ist nicht jedem geheuer. So schreibt Bernard-Henri Lévy: »Vielleicht ist Sartre eine Art Ungeheuer. Vielleicht bedurfte es einer gewissen Ungeheuerlichkeit, um Sartre zu sein – um jener bizarre, einzigartige, sich über alle Regeln der Gemeinschaft hinwegsetzende, ein wenig verrückte Denker zu sein [...]. Vielleicht war dies eine kompliziertere, schmerzhaftere und gefährlichere Existenzweise als etwa die des weisen Aron, der friedlich in seinem Büro des *Figaro* vor sich hin dachte, oder als die des Professors Merleau-Ponty, der zu fester Stunde die Rue des Ecoles entlangkam, oder auch als die des guten Camus, der rasch sein Tagewerk als Schriftsteller hinter sich brachte, um im Stadion von Lourmarin ein Fußballmatch auszutragen. In jedem Fall hat die Geschichte der Philosophie nicht allzu viele

Ungeheuer zu bieten. Und dieses hier hat nun einmal die Besonderheit, einer der radikalsten Denker der Freiheit zu sein.«[1]

Um Sartre im Verhältnis zu seinen Zeitgenossen in der französischen Philosophie zu verstehen, mag es hilfreich sein, den Intellektuellen Sartre als ungeheuerliche Ausnahmeerscheinung zu deuten. Er wirkt anders als beispielsweise Albert Camus (1913–1960) auf den ersten Blick nicht besonders sympathisch. Ruft dieser kleine, hässliche Mann, der bei Frauen so erfolgreich ist und in der intellektuellen Welt mit einer geradezu abenteuerlichen Produktivität gesegnet ist, womöglich Neidgefühle hervor? Neben dem Ungeheuerlichen und dem Unsympathischen gibt es zugleich immer das Faszinierende an Sartre. Doch hat dies vielleicht mehr mit Simone de Beauvoir (1908–1986) und der ungewöhnlichen Beziehung der beiden zu tun? Oder mit ihrem Leben in Paris? Vieles an Sartre ist merkwürdig, sowohl an seinem Denken als auch an seinem Handeln. Wer ihm wohlgesonnen ist, wird bereit sein, das Merkwürdige zu übersehen oder nicht negativ zu werten. Ohne dieses Wohlwollen ist es aber nicht schwer, Sartre zu verdammen. Verdammung oder Verehrung wird ihm vermutlich ohnehin eher gerecht als ein achselzuckendes Ignorieren. Das Skandalöse an Sartre gehört zum Verständnis dieses Autors dazu; das Zeug zum unkontroversen Klassiker hat er jedenfalls auch heute noch nicht.

Ist Sartre überhaupt noch aktuell? Oder wird er gerade vergessen oder philosophisch ohnehin nicht ernst genommen? Ist er nur noch ein Philosoph für Pubertierende und Spätpubertierende, der höchstens durch seinen Lebensstil als oberflächlich attraktiv gelten mag, aber nicht durch seine philosophischen Fähigkeiten? Camus hat nach der Wende 1989 in Osteuropa eine späte Renaissance der Aufmerksamkeit erfahren, insbesondere weil er in den fünfziger Jahren einsam den Menschenrechten treu geblieben ist und einer nicht nur unter französischen Intellektuellen verbreiteten Verehrung oder zumindest Verharmlosung des Stalinismus widerstand. Für Sartre –

schon damals im Konflikt mit Camus – galt das nicht. Neben seinem Bekenntnis zum Stalinismus wirken seine naive Kuba-Begeisterung und seine Unterschrift unter viele abstruse Flugblätter und Aufrufe aus heutiger Sicht peinlich. Das Recht zu einer Entdeckung Sartres – sei es als Wiederentdeckung oder als Neuentdeckung – dürfte somit kaum im Bereich des Politischen zu suchen sein. Gleichwohl gibt es im Werk dieses Freiheitsphilosophen mehr zu entdecken, als seine Verächter meinen.

Vielleicht ist jetzt, ein Jahrhundert nach der Geburt Sartres und ein Vierteljahrhundert nach seinem Tod, die Zeit allmählich reif, um Stärken und Schwächen der Philosophie Sartres im Einzelnen differenziert zu beurteilen. Dem Intellektuellen und Grenzgänger Sartre kann man nur leidenschaftlich begegnen; doch seine philosophischen Thesen verdienen eine argumentative Würdigung ohne Voreingenommenheit. Sartre ist ein Philosoph des 20. Jahrhunderts, der wie andere auch Stärken und Schwächen vorzuweisen hat. Eine Gefahr bei der Rezeption von Sartre besteht darin, dass sein Werk unter seiner zeitweise geradezu fantastischen weltweiten Berühmtheit leidet, die zur Verbreitung von Klischees enorm beigetragen und das Werk fast verstellt hat. Ruhm hat Sartre allerdings schon früh angestrebt; so charakterisiert er sich 1926 selbst in einem Brief: »Ich stelle mir den Ruhm wie einen Ballsaal voll befrackter Herren und dekolletierter Damen vor, die mir zu Ehren ihre Gläser erheben. Das ist sicherlich eine Bilderbuchvorstellung, aber ich habe dieses Bild seit meiner Kindheit in mir. Es lockt mich nicht, doch lockt mich der Ruhm, denn ich möchte weit über den anderen stehen, die ich verachte.«[2]

Auch wenn Bernard-Henri Lévy die Schwächen dieses »absoluten Intellektuellen«[3] scharf herausarbeitet, erklärt er Sartre zu *dem* Philosophen des 20. Jahrhunderts. Mit Blick auf Martin Heidegger (1889–1976), Ludwig Wittgenstein (1889–1951) und Theodor W. Adorno (1903–1969) gibt es allerdings keinen Grund, Sartre im deutschsprachigen Raum den gleichen Stellenwert wie in Frankreich einzuräumen. Hier reicht es zur Würdigung Sartres, davon auszugehen, dass er überhaupt zu den wichtigen Philosophen des 20. Jahrhunderts gehört. Die unübertroffene Besonderheit Sartres sehe ich weniger in seiner ausgearbeiteten Philosophie als vielmehr in seiner süchtigen Intellektualität, die sich alles zum Gegenstand der Untersuchung nimmt. Kein anderer Philosoph des 20. Jahrhunderts hat eine derartige Kombination von Ehrgeiz und Konfusion, Abstraktion und Konkretion, Fähigkeit zur ideenreichen Synthese und Schwäche der Argumentationskraft ausgebildet wie Sartre. Seiner Philosophie kann man wohl nur gerecht werden, wenn man sich von ihr begeistern lässt und ihr zugleich skeptisch, vielleicht sogar ablehnend gegenübersteht. Das Besondere Sartres ist, dass es ihm gelingt, in fast jedem Gegenstand aus Literatur, Theater, Kunst und Politik philosophische Bedeutung zu sehen. Bemerkenswert ist Simone de Beauvoirs Bericht über ein Essen zu dritt mit Raymond Aron (1905–1983): »Aron wies auf sein Glas: ›Siehst du, *mon petit camarade,* wenn du Phänomenologe bist, kannst du über diesen Cocktail reden, und es ist Philosophie!‹ Sartre erbleichte vor Erregung: das war genau, was er sich seit Jahren wünschte: man redet über den nächstbesten Gegenstand, und es ist Philosophie.«[4]

Die Intention dieser Einführung ist es, gedankliche Quereinstiege in die Philosophie Sartres zu finden und Kontexte herzustellen, die seine Philosophie zugleich als aktuell und sachlich interessant erschließen. Es wird nicht nur der Philosoph Sartre im engeren Sinne zum Gegenstand, sondern das Wirken Sartres wird insgesamt als ein Engagement unter philosophischen Vorzeichen gedeutet, das eine »konkrete« Philosophie ausdrückt. Sartre wird in die Philosophie des 20. Jahrhunderts und speziell in die französische Philosophie mit ihren Besonderheiten eingeordnet. Dabei werden seine philosophischen Hauptwerke *Das Sein und das Nichts*, *Fragen der Methode*, *Kritik der dialektischen Vernunft* und *Der Idiot der Familie* besonders gewürdigt.

Sartre ist ein Philosoph, über den es vieles zu erzählen gibt. Auch wenn dies keine Biografie ist, soll diese Dimension nicht ausgeklammert werden, zumal er selbst die philosophische Biografie zu einem eigenen Genre entwickelt hat und die Freiheit nicht nur thematisiert, sondern auch lebt. So liebt er das Leben im Hotel mit der damit einhergehenden Anonymität, auch wenn er zwischenzeitlich durchaus in Wohnungen gelebt hat. Er reist viel, vermeidet dabei aber Aufenthalte.[5] Sartre besitzt wenig, nicht zuletzt weil er sein reichlich verdientes Geld gleich wieder verschwenderisch ausgibt. Berühmt ist die Höhe seiner Trinkgelder. Trotz aller Grenzüberschreitungen ist Sartre allerdings fast immer Bewohner von Paris geblieben. Die beiden Stadtteile Saint Germain des Prés und Montparnasse bildeten das »Biotop« seiner »Bohème-Existenz«.[6] Und wenn er sich zum Beispiel während seines Lehrerdaseins in Le Havre oder während des Zweiten Weltkrieges eine Zeit lang doch nicht dort aufhält, dann geschieht dies unfreiwillig. Ungeachtet der vielen Reisen stellt Paris seine eigentliche Heimat dar, und die anderen Grenzen kann er vielleicht gerade deshalb souverän überschreiten, weil er diesen Mittelpunkt seines Lebens immer behält. Sartre schreibt oft in den Bistros seines Stadtteils, in einer vertrauten Öffentlichkeit also, die wie das »Deux Magots« und das »Café Flore« heute ganz zu Kultstätten des Tourismus geworden sind.

Seine Philosophie ist nicht vom akademischen Milieu einer Universität geprägt. Zwar hat er an einer der französischen Eliteuniversitäten studiert, aber universitär angestellt ist Sartre nie gewesen. Er arbeitet zunächst als Gymnasiallehrer in der Provinz und lebt dann mit zunehmendem Erfolg als freiberuflicher Schriftsteller. Freiheit bedeutet für Sartre auch Freiheit von der Enge der Universität und Freiheit in der Bestimmung eines eigenen Tagesrhythmus: »Ich schrieb Bücher, die meine ganze Zeit in Anspruch nahmen [...]. Ich betrachtete es nicht als eine Ehre, Professor am Collège de France zu sein.«[7]

Wichtiger als der akademische Hintergrund sind für Sartre

denn auch die Medien: Er ist der erste große Philosoph des Medienzeitalters. Régis Debray hat markant drei Epochen des französischen Geisteslebens im 20. Jahrhunderts unterschieden und in ihrer jeweiligen Dominanz auch mit Daten versehen. Nach dem Universitätszyklus – datiert von 1880 bis 1930, in dem die wirkungsmächtigen Intellektuellen zugleich an der Universität tätig sind – folgt für Debray der Zyklus des Verlagswesens, der überlappend von 1920 mindestens bis 1960 reicht und dann langsam an Bedeutung verliert. Es ist dieser über die Verlage medienorientierte Zyklus, der für Sartre den Hintergrund bildet, so dass sein Verlag Gallimard geradezu seinen Erfolg garantiert. Der 1968 beginnende Medienzyklus im engeren Sinne wird aus der Sicht Debrays nach und nach vom Fernsehen dominiert und bringt andere Intellektuelle (z. B. Bernard-Henri Lévy, geboren 1949, als neuen Philosophen und späteren Verfasser einer Sartre-Monografie) immer stärker zur Geltung. Im Verlagszeitalter steht das publizierte Buch im Mittelpunkt der Aufmerksamkeit; die mediale Präsenz folgt den erfolgreichen Büchern. Wo der Schreiber arbeitet, spielt dabei keine große Rolle. Sartre ist also in den Zeitungen und im Rundfunk als den Medien der fünfziger und sechziger Jahre präsent, insofern er der Autor von Büchern ist, die im Verlag Gallimard bereits erschienen sind.

Nicht zuletzt weil er einen so treuen und großzügigen Verlag hat, kann er verschwenderisch mit seinen Texten und Werken umgehen, denn er schreibt sie – und vergisst sie: »Sartre liest seine Manuskripte nicht noch einmal durch, korrigiert kaum die Fahnen, verifiziert niemals die Korrektheit oder den Ursprung eines Zitates, beläßt es bei Unkorrektheiten, Schwächen und Redundanzen, die ein schlichtes Noch-einmal-Lesen aufgespürt hätte.«[8] Sartre als Autor müssen also Eigenschaften zugesprochen werden, die ihn nicht gerade zum Vorbild für Proseminararbeiten machen (jedenfalls so lange nicht, bis sich die eigene Genialität gefestigt hat). Typisch für ihn ist auch das Unfertige als Merkmal aller seiner größeren Bücher. Immer wieder werden Fortsetzungen angekündigt, die nie erscheinen (oder doch nur als Fragment nach seinem Tod).

Vermutlich weil er das Unfertige und den ständigen Neuanfang liebt, lehnt er auch die mit dem Älterwerden nicht ausbleibenden Ehrungen ab, 1964 sogar den Nobelpreis für Literatur. Lévy spricht von seinem Misstrauen »gegenüber allem, was ihn in eine Statue verwandeln und auf diese Weise ersticken könnte«[9]. So ist auch die permanente Grenzüberschreitung deutbar, die ihm die Gewähr bietet, nicht zur festgelegten, also unfreien Statue zu werden: »Während seiner gesamten Existenz hat Sartre nicht aufgehört, sich neu in Frage zu stellen.«[10] Sogar das letzte vor seinem Tod geführte und publizierte Gespräch zeigt Sartre noch als munteren »Kobold«, der sich mit ungewohnten Themen wie dem jüdischen Messianismus, der Hoffnung und der Brüderlichkeit auseinander setzt.[11] Viele Weggefährten haben 1980 dieses Gespräch als Distanzierung von seinem bisherigen Werk empfunden und sogar versucht, die Zeitungspublikation zu verhindern – meines Erachtens zu Unrecht, denn Sartres Treue zu sich und anderen liegt im permanenten Aufbruch und nicht im Beibehalten des einmal Erreichten.

Sartre überwindet nicht nur die Grenzen von Literatur, Theater, Publizistik und Philosophie, sondern ist zugleich ein Anhänger von Philosophen, die gewöhnlich als kaum miteinander vereinbar angesehen werden: Marx und Nietzsche zugleich zu verehren, schafft er ebenso wie eine gedankliche Kombination von Hegel, Husserl und Heidegger vorzunehmen. Sachlich versucht er Freiheit und Faktizität ebenso zusammenzudenken wie Existenzialismus und Marxismus. Sartre hat in seinem Leben häufiger seine Grundsätze geändert, ein Phänomen, das wir auch bei anderen großen Philosophen des 20. Jahrhunderts finden: Ludwig Wittgenstein verlässt nach dem *Tractatus Logico-Philosophicus* die Philosophie, um sie nach einer Kunstpause schließlich doch ganz neu zu beginnen (u. a. dokumentiert in seinen *Philosophischen Untersuchungen*). Martin Heidegger vollzieht nach *Sein und Zeit* eine Kehre zur Lichtung des Seins. In der Zeit nach Sartre hat Michel Foucault seinen besonders häufigen Meinungswandel geradezu zum Prinzip erklärt.

Der unbändige Individualist, der Nietzscheaner, kommt vor allem in Sartres frühen literarischen Werken und in seinem Lebensstil zur Geltung. Nach seiner Auseinandersetzung mit Husserl, Heidegger und Hegel, vor allem in *Das Sein und das Nichts*, wird er in der *Kritik der dialektischen Vernunft* zu einem hegelianischen Marxisten. Sein Lebenswerk wird schließlich gekrönt durch die gedankliche Vermittlung von Freiheit und Gesellschaft in seinen philosophischen Biografien, vor allem in seinem autobiografischen Roman *Die Wörter* und im mehrbändigen Flaubert-Projekt *Der Idiot der Familie*.

Mit Lévy lässt sich der frühe Sartre als »Champion aller Klassen des metaphysischen Antitotalitarismus«[12] deuten. Umso erstaunlicher ist es daher, wie sehr Sartre sich durch seine Äußerungen ab den fünfziger Jahren in die Nähe des Stalinismus begeben hat und in der *Kritik der dialektischen Vernunft* zum Gemeinschaftstheoretiker wird. Möglicherweise besteht hier sogar ein Zusammenhang: Der metaphysische Antitotalitarist, dem es zu »kalt« wird, mag geradezu anfällig sein für den politischen Totalitarismus.[13] Bei Sartre kommt an diesem Punkt wohl die gleiche Ambivalenz zur Geltung, die wir aus der 68er-Generation kennen: Die persönliche Unkonventionalität erscheint gekoppelt mit einem politischen Holzweg, der durch Empfänglichkeit für politischen Totalitarismus gekennzeichnet ist. Der eher private Nietzsche scheint mit dem öffentlichen Marx kombinierbar zu sein. Um Sartre insgesamt als Philosophen der Freiheit zu profilieren, soll im Folgenden zunächst Nietzsche den gedanklichen Ausgangspunkt bilden, während die Beschäftigung mit Marx für die Frage nach dem Verhältnis von Freiheit und Gesellschaft im Werk Sartres steht.

2. Sartre als Nietzscheaner in Leben und Werk

Ein Nietzscheaner ist ein Philosoph der radikalen Freiheit, der konventionelle ebenso wie moralische Ansprüche seiner Mitwelt zurückweist. Wie Friedrich Nietzsche (1844–1900) selbst neigt ein von ihm inspirierter Mensch zu einer gesteigerten Individualität und begreift sich als Teil einer Avantgarde. Der nietzscheanische Zug äußert sich bei Sartre weniger in seinen explizit philosophischen Werken als in seinen literarischen Arbeiten und in der Gestaltung des eigenen Lebens als Kunstwerk. Auch wenn er schreibt, »man muß wählen: leben oder erzählen«[1], wird sein Leben doch gerade erst durch die erzählerische Begabung ein besonderes. Es gehört zum Faszinosum von Sartre, wie stark er sich in seinem Leben erzählend, und im Erzählen das Leben steigernd, von den bürgerlichen Selbstverständlichkeiten entfernt hat. In keiner Verästelung des Werks kommen wir dem Phänomen Sartre so auf die Spur wie bei seiner Inszenierung des Lebens.

Der Einfluss von Nietzsche steht bei ihm für eine Orientierung an der Freiheit, die nicht gleich wieder begrifflich stillgestellt wird. Wie Sartre lebt, ist nicht einfach bloß eine persönliche Marotte, sondern eine sehr bewusste Gestaltung eines philosophischen Lebensprogramms der nietzscheanischen Wildheit und Antikonventionalität. Auch die Partnerschaft mit Simone de Beauvoir und ihr Pakt, der ausdrücklich sexuelle Beziehungen zu anderen erlaubt, lässt sich aus einer von Nietzsche inspirierten Perspektive deuten. Ein Nietzscheaner versucht, sich frei gegenüber Bindungen zu verhalten, denn diese stehen im Verdacht, Freiheitseinschränkungen zu bewirken.

Für Lévy gibt es den Nietzscheaner Sartre als »einen anderen, weniger erörterten, geheimeren Sartre [...], als Dandy, als entschlossenen Rebellen, übertriebenen Individualisten, Künst-

ler, Ästheten, Häretiker, Romantiker, Zerstörer von Götzen-
bildern, Tragiker, freien Menschen, pathetischen Feind aller
Philister, entschiedenen Anti-Kantianer, ungezwungenen Pes-
simisten«[2]. Lévy unterscheidet einen frühen von einem reifen
Sartre, der als der Mann der Verirrungen gekennzeichnet
wird; der frühe hingegen sei der Sartre »vor den großen kuba-
nischen, sowjetischen und maoistischen Irrwegen«.

Philosophie ist so unterschiedlich wie die Philosophen, die sie
betreiben. Zum Philosophen Sartre gehören seine literarischen Texte und die Gestaltung seines gesamten Lebens. Wer
Philosophie nur als die argumentative Verfolgung von Thesen
begreift, wird das Phänomen Sartre nicht erfassen. Auch die
ausdrückliche Auseinandersetzung mit philosophischen Autoren stellt nur eine Erscheinungsform der Philosophie Sartres
dar. Als Nietzscheaner bezieht er die ästhetische Dimension
des Nachdenkens, Lebens und Schreibens immer mit ein; er
steht in einer Tradition französischer Philosophie, die den
Philosophen als Intellektuellen und Schriftsteller sieht. Die
Fähigkeit zum ästhetisch ansprechenden Schreiben ist hier
eine unbedingt erforderliche Qualität des Philosophen (und
steht nicht im Verdacht der Oberflächlichkeit wie oft in
Deutschland). Sartre steigert das französische Erbe allerdings
auf eine nur ihm eigene Art und Weise, indem er persönliche
Lebenskunst und die Stilisierung als intellektuelle Leitfigur
mit der Interpretation der philosophischen Tradition verknüpft und so seine Ausnahmebegabung kultiviert.

Die Abschätzigkeitsperspektive im *Ekel*

Der Ekel ist ein Text, der besonders vom Geist Nietzsches
durchdrungen ist. Im Mittelpunkt steht – wie in Sartres frühen
Romanen häufig – ein einsamer Mann. Gesteigert durch diese
Einsamkeit ist der Nietzscheaner jemand, der die Wirklichkeit
demaskiert. Die leeren Worte vom Menschen als Krone der

Schöpfung und als Vernunftwesen werden schonungslos ent-
larvt. »Der Ekel« erweist sich als Ekel vor der falschen Gemein-
schaftlichkeit. Den Preis und die Kehrseite der Individualität
bildet die Einsamkeit: »Ich besitze nur meinen Körper; ein
ganz allein lebender Mensch, der nur seinen Körper hat, kann
die Erinnerungen nicht festhalten, sie gehen ihm durch die
Lappen. Ich sollte mich nicht beklagen: ich wollte nur frei
sein.«[3] Die radikale Ehrlichkeit des Nietzscheaners richtet sich
keineswegs nur gegen die anderen, sondern genauso auf das
Ich selbst: »Mein augenblickliches Leben ist nicht besonders
glanzvoll [...]. Ich habe gerade erfahren, unvermittelt, ohne
ersichtlichen Grund, daß ich mir zehn Jahre lang etwas vorge-
macht habe.«[4] Bei aller Auseinandersetzung mit anderen und
mit sich selbst ist aber immer klar, dass im Mittelpunkt das Ich
steht. In der folgenden Passage findet sich eine Kaskade von
Ich-Sätzen: »Ich hatte keinen Hunger; ich wollte vor allem
nicht weggehen. Ich arbeitete noch einen Moment, dann
schreckte ich auf: ich fühlte mich von Stille umhüllt. Ich hob
den Kopf: ich war allein.«[5] Während heute – im Zeitalter des
Narzissmus – fast jeder nur das eigene Ich sieht, stellt die
Konzentration auf das Ich zu Sartres Zeiten noch eine echte
Kulturleistung dar, nämlich den Mut, Bindungen und Gemein-
schaften hinter sich zu lassen und sich ganz auf den eigenen
Lebensweg zu konzentrieren, so einsam dieser Weg auch sein
mag. Vor dem strengen Auge des Ich kann die Welt nur als
banal empfunden werden, und dementsprechend endet denn
der *Ekel* mit der Mitteilung: »morgen wird es auf Bouville
regnen«[6].

Auch wenn das Überlegenheitsgefühl Sartres ebenso wie das
seiner literarischen Figuren nichts Triumphales hat, geht es
doch mit einer Verachtung der Bürgerlichkeit einher. Im Angesicht eines bürgerlichen Lebens kann sich ein Individuum nur
ekeln. Damit ist Sartre der Propagandist einer Kritik der Spießbürgerlichkeit geworden. Es gibt kein richtiges Leben im Falschen – diese bekannte Bemerkung Adornos wird von Sartre
variiert als Aversion gegen die bürgerliche Normalität.

Dem heutigen Leser mag Sartres Kultivierung der Perspektive des Abschätzigen merkwürdig erscheinen, denn diese Perspektive ist zwischenzeitlich zum Gemeingut und insbesondere im großstädtischen Leben schon lange zur Selbstverständlichkeit geworden. Sartre bringt in der Mitte des 20. Jahrhunderts die kalte Distanz zu Papier und ermöglicht so einen Durchbruch und eine Besonderheit, die heute zur statistischen Normalität geworden ist. Dies macht den *Ekel* zu einem Text, der uns an den Anfang der modernen Kälte und des Abschätzigen führt, das von Sartre zugleich als Freiheit in Einsamkeit empfunden wird.

Die Wand

Die Wand scheint zunächst dafür zu sprechen, dass Sartres literarisches Werk nicht in einer nietzscheanischen Perspektive aufgeht. Die in der alten Übersetzung als *Die Mauer* veröffentlichte kleine Erzählung spielt im Spanischen Bürgerkrieg. Der Grundton des Textes ist getragen von dem existenziellen Ernst einer Gruppe zum Tode verurteilter Republikaner. Doch zum Ende der Erzählung ändert sich der Ton und es finden sich angesichts der vermeintlich näher rückenden Stunde der Hinrichtung Sätze wie »kein Leben war etwas wert« und »nichts war mehr wichtig«[7]. Die Hauptperson findet in der Erfahrung von Freiheit zu einer neuen Heiterkeit: »Ich hatte Lust zu lachen.« Ein Franco-Anhänger wird mit den Worten charakterisiert: »Er war düster, er nahm sich ernst.«[8] Nach einem verhängnisvollen Irrtum, der zum Tod eines Mitkämpfers führt, überrascht die Hauptperson im letzten Satz der Erzählung erneut: »Ich lachte so sehr, daß mir Tränen in die Augen traten.«[9] So ringen zwei Tonlagen in dieser Erzählung miteinander: Die existenzielle Schwermütigkeit einer Gruppe kurz vor der Hinrichtung wird eindringlich geschildert; das Ende der Erzählung ist dagegen von einer neuen Leichtigkeit geprägt. Auch wenn es nicht explizit ausgeführt wird, steht die gedankliche Kopplung im Raum, dass Faschisten humorlose Menschen und als solche brutal sind. Der Republikaner ist demgegenüber ein sinnenfroher Kämpfer – ein Motiv, das an Albert Camus' mittelmeerisches Denken in seinem Werk *Der Mensch in der Revolte* erinnert. Allerdings kann die Hauptperson ihre Einsichten nicht mehr mit den anderen teilen, denn diese sind bereits hingerichtet. Die heitere Freiheit scheint auch hier nur in Einsamkeit möglich.

Die Hölle, das sind die anderen

In der *Geschlossenen Gesellschaft*, die am 27. Mai 1944 ihre Uraufführung in Paris erlebt, geht Sartre noch weiter und lässt es eine der Figuren auf den Punkt bringen: »die Hölle, das sind die anderen«[10]. Dem Blick der anderen kann man nie entgehen; zwei könnten sich noch arrangieren und sich eine Nische lassen, aber zu dritt ist es eine aussichtslose Hölle, die nicht zu Ende gehen wird: »Der Folterknecht ist jeder von uns für die beiden anderen.«[11] Mord und Totschlag bedeuten keinen Ausweg, denn die Akteure des Dramas sind ja schon längst tot. »Die Hölle, das sind die anderen« ist ein markanter Ausdruck von Sartres Individualismus, denn die Chance auf Freiheit besteht darin, sich nicht auf die Festlegung durch die Blicke der anderen einzulassen. Ohnehin gilt für Sartre: »Man ist, was man will [...]. Nur Taten entscheiden über das, was man gewollt hat.«[12] Lediglich in der Selbstschöpfung ohne den Blick der anderen ist Freiheit möglich; der andere macht einen zum festgelegten Objekt. Die Fähigkeit, sich vom Blick der anderen nicht völlig festlegen zu lassen, bildet bei Sartre eine zentrale Voraussetzung für Freiheit. Wer nicht lernt, auch gegen andere zu handeln, bleibt ein ganzes Leben lang der Fremdbestimmung ausgesetzt. Hat Nietzsche im 19. Jahrhundert in aller Radikalität versucht, die Fesseln der alten metaphysischen Ordnung gedanklich in freier Genialität abzustreifen, setzt Sartre dieses Bestreben fort, indem er die Festlegungen und die Unfreiheit durch die anderen aufzuheben versucht. Nur das freie Individuum hat eine Chance, der Hölle zu entkommen.

Dass es sich bei Sartre um eine säkulare Hölle handelt, dürfte angesichts des für ihn selbstverständlichen Atheismus nicht weiter verwundern. Sartres Atheismus steht ebenfalls in der Tradition Nietzsches, insofern er es nicht einfach bei der vermeintlich einfachen Tatsache belässt, dass es keinen Gott gibt, sondern den existenziellen Konsequenzen dieser Einsicht nachspürt. Schon Nietzsche steht für den Versuch, das Diktum »Gott ist tot« in seinen Folgen zu durchdenken. Sartre greift diese Formulierung auf: »1848: […] Europa hatte gerade eine bestürzende Nachricht erfahren, die heute von einigen bestritten wird: ›Gott ist tot. Stop. Kein Testament.‹ Bei Öffnung des Nachlasses entstand Panik: was hinterließ er, der Verschwundene? Zufälle; der Mensch war einer davon […].«[13] An den Tod Gottes haben sich viele gewöhnt, Nietzsche und Sartre geht es jedoch darum, die dadurch ausgelöste existenzielle Heimatlosigkeit des Menschen zu analysieren. Für einen Nietzscheaner ist dem Menschen in seiner Freiheit alles erlaubt, weil es mit dem Tod Gottes keine Instanz mehr gibt, die noch mit Überzeugungskraft etwas verbieten könnte. Der Mensch ist auf seine Autonomie und Selbstgesetzgebung verwiesen, ohne dass für Nietzsche und Sartre die kantische Autonomie in der Selbstgesetzgebung der Vernunft und im kategorischen Imperativ eine hilfreiche Orientierung böte. Das Menschenbild eines Nietzscheaners beschränkt sich nicht auf die vernünftige Einsicht, sondern bezieht das ganze Dasein in seiner Zerbrechlichkeit ein.

In seiner Erzählung *Die Kindheit eines Chefs* aus dem Jahr 1939 steht Lucien als der Sohn eines Fabrikbesitzers und zukünftiger Chef im Mittelpunkt. Er quält sich mit der Frage, wer er ist und ob er überhaupt existiert: »Er schloß die Augen und ließ sich fallen: die Existenz ist eine Illusion; da ich *weiß*, daß ich nicht existiere, brauche ich mir nur die Ohren zu verstopfen, an nichts mehr zu denken, und ich werde mich in Nichts auflösen. Aber die Illusion war hartnäckig.«[14] Im Hintergrund dieser grundsätzlichen Nöte steht eine gesellschaftliche Herausforderung: »Wenn ihm der Gedanke kam, daß er nicht das Zeug zu einem Chef hatte, fühlte er sich romantisch und hatte Lust, stundenlang im Mondschein herumzulaufen.«[15] Die Erzählung verbindet so die allgemein menschliche Perspektive und die gesellschaftliche. Im Allgemeinen ist die Frage »Wer bin ich?« eine typisch moderne Frage, die auftaucht, wenn alte Selbstverständlichkeiten zusammengebrochen sind und das Individuum auf sich zurückgeworfen ist. Lucien Fleuriers löst seine Probleme der Ich-Findung durch einen lärmenden Antisemitismus. Sartre bietet in diesen Passagen seiner Erzählung im Übrigen gute Beobachtungen zur Erklärung des auch in Frankreich nicht länger zu übersehenden Rechtsradikalismus. Der Antisemitismus erscheint als Verleugnung der Freiheit und als missglückte Form der Identitätsfindung. Nur wer die Frage nach der eigenen Identität nicht an die Seite drängt, ist den Herausforderungen einer modernen Subjektivität gewachsen.

Um die Frage nach der Identität auszuloten, pflegt Sartre selbst das Dasein als Abenteurer. Erzählungen spielen eine zentrale Rolle beim Abenteuer der Ich-Findung: »Die Abenteuer sind in den Büchern.«[16] Dies gilt nicht, weil Lesen selbst so abenteuerlich wäre, sondern weil Seh- und Denkweisen des Abenteuerlichen sich so erschließen: »Damit das banalste Ereignis zum Abenteuer wird, ist es nötig und genügt es, daß man sich daran macht, es zu *erzählen*. Das ist es, worauf die

Leute hereinfallen.«[17] Die Lebenserzählung macht die Freiheit lebbar. Deshalb muss Sartre über alles reden und besonders in Briefen ausführlich schildern. Simone de Beauvoir charakterisiert ihn folgendermaßen: »Jean-Paul Sartre, bedeutender Briefschreiber, Autor einiger literarischer und philosophischer Gespräche.«[18]

Wege der Freiheit.
Ein Bildungsroman in drei Teilen

Glaubt ein Nietzscheaner an Bildung? Wenn man kein vordergründiges Verständnis von Bildung hat und hierin mehr als die Kenntnis von Klassikern sieht, dann durchaus. In den drei Bänden seiner *Wege der Freiheit* zeichnet Sartre jedenfalls eine Entwicklung und eine Reifung nach, die in der Tradition des Bildungsromans verstehbar ist. Typisch für diese Literaturgattung von Goethes *Wilhelm Meister* bis Hermann Hesses *Steppenwolf* ist es, dass die Hauptfigur über verschiedene Stationen äußerer Herausforderung zu einem innerlichen Reifungsprozess gelangt, der als Bildung und Formung der Kräfte und Fähigkeiten gedeutet wird.

Dies gilt auch für Mathieu Delarue, die Hauptfigur in *Wege der Freiheit*. Im ersten Band mit dem programmatischen Titel *Zeit der Reife* steht der Konflikt um eine ungewollte Schwangerschaft mit der Ambivalenz von Freiheit und Verantwortung im Mittelpunkt: Das ungebundene Individuum sieht sich damit konfrontiert, dass nur in der Übernahme von Verantwortung die Einsamkeit vermeidbar ist. Im zweiten Band, dessen Titel *Der Aufschub* lautet, transferriert Sartre den Schauplatz der Handlung aus dem kleinen Pariser Lebensumfeld einer überschaubaren Gruppe in die große Welt am Vorabend des Zweiten Weltkriegs im zeitlichen Umkreis des Münchener Abkommens, das unter Zugeständnissen an die deutschen Nazis den Kriegsbeginn noch für eine kurze Zeit hinauszögert. Der dann tatsächlich geführte Krieg entwickelt sich im dritten Band zu einem *Pfahl im Fleische* (so auch der Titel), der keine Person unbeschädigt lässt. Sartres Bildungsroman stützt keinen naiven Optimismus der Menschenbildung; die Höherentwicklung ist keineswegs garantiert. Angesichts des Zweiten Weltkriegs und der Besetzung Frankreichs durch die Deutschen kann das Individuum froh sein, wenn es sich den Herausforderungen einigermaßen gewachsen zeigt. Der Individualismus ist deshalb kein triumphaler, sondern ein kaum zu ertragender. Die Tonlage des frechen Nietzscheaners Sartre ist dementsprechend in den *Wegen der Freiheit* eine andere geworden – also ein Bildungsroman nicht nur für den Leser, sondern auch für den Autor.

Simone de Beauvoir und Sartre

De Beauvoir und Sartre sind sicher das berühmteste Paar des 20. Jahrhunderts: Sie sind nicht verheiratet, leben nicht monogam, bleiben gleichwohl ein Leben lang zusammen, haben keine Kinder und siezen sich. Vor allem aber wohnen sie niemals zusammen, was vielleicht die wichtigste Besonderheit der beiden ist, wie Simone de Beauvoir betont: »Denn wenn das, was man eine freie Verbindung nennt, unter den gleichen Bedingungen abläuft wie eine Ehe – wenn man also einen gemeinsamen Haushalt hat, wo regelmäßig gegessen wird –, wird die Frau trotz allem die Frauenrolle spielen. Da gibt's zu einer Ehe kaum einen Unterschied. Wir hingegen haben eine sehr flexible Lebensweise, die uns manchmal erlaubt hat, unter demselben Dach zu leben, ohne ganz zusammen zu sein. [...]. Diese Art von Freiheit, die wir im Alltag aufrechterhalten haben, ist wichtig und hat verhindert, daß sich zwischen uns die lähmende Seite der Ehe breitmachte.«[19]
De Beauvoir und Sartre wollen ein freies Paar sein, das den Klippen des Alltags einer normalen Ehe entgeht. Das Aben-

teuer des Zusammenseins und die Vermeidung des Alltäglichen charakterisieren ihr Verhältnis wahrscheinlich stärker als der Pakt, der beiden eine gelebte Sexualität außerhalb ihrer Beziehung zugesteht. Den Weg als freies Paar haben sie ein Leben lang geradlinig und gemeinsam durchgehalten. Sartres Adoption von Arlette Elkaïm ist kein Dementi ihrer Kinderlosigkeit, sondern eine bewusste und freiwillige Entscheidung, die viel mit den Nachlassrechten am Werk zu tun hat und sich auch gegen die eigenen Familienbindungen richtet.

Kann man die beiden als ein in Freiheit lebendes nietzscheanisches Paar verstehen? In den Sehnsüchten, die die beiden lange auf sich gezogen haben, scheinen sie jedenfalls das Verhältnis von Nähe und Distanz, von Freiheit und Bindung auf eine geradezu ideale Art und Weise gelöst zu haben. Eine enge Bindung zueinander zugleich immer mit engen Beziehungen (auch sexuellen Verhältnissen) zu Dritten ein Leben lang aufrechtzuerhalten, schafft kaum jemand. Als gemeinsames Feindbild dient ihnen die konventionelle Ehe; denn »nichts ist unverträglicher als ein klebriges Glück«[20] bei abgedankter Freiheit. Ob allerdings beide wirklich in freier Entscheidung diesen Lebensweg beschritten haben, ist fraglich.

Nachdem ihre Briefe publiziert sind und vor allem Simone de Beauvoirs Memoiren die vielen Details des Liebeslebens beider der Öffentlichkeit präsentiert haben, dürfte viel von dem alten Glanz dahin sein. Ohne hier in wenigen Sätzen über dieses Paar urteilen zu wollen, seien einige Aspekte hervorgehoben: Anfang der dreißiger Jahre droht dem Paar nach einer großen Anfangsverliebtheit die Trennung; ihr Arrangement mit der Ermöglichung von Außenbeziehungen ist teilweise eine Antwort auf diese Drohung. Lieber zusammenzubleiben und in der Beziehung Freiräume zu schaffen, als sich gleich zu trennen, scheint eine Maxime der beiden zu sein: »Der Pakt ist ein komplexes Arrangement zur Organisation von Nähen und Fernen.«[21] Es ist ohnehin kaum ihre Sexualität, die de Beauvoir und Sartre auf Dauer verbindet. Rossum deutet es frech (und spekulativ) aus der unterstellten Sicht von de

Beauvoir bei der Formulierung ihres Paktes: »Könnte doch sein, dass sie seit geraumer Zeit die stille Eleganz besessen hat, Sartres etwas verschwitzte Begattungsarbeit auf ihr bloß generös zu erdulden [...].«[22]

Während Simone de Beauvoir zugleich lesbische Neigungen auslebt, geht Sartre stark voyeuristischen Bedürfnissen nach, die ihm ausgiebiges Reden über Sex attraktiv erscheinen lassen (besonders in der Form von Briefen). Aber auch de Beauvoir redet gern über Beziehungen: »Bei der Lektüre der Tagebücher von Simone de Beauvoir kann man sich gelegentlich des Eindrucks nicht erwehren, dass sie die nachmittäglichen Lustbarkeiten mit ihren Mädchen manchmal nur mürrisch hinter sich bringt, um sie gleich darauf in kostbare Kommunikation mit Sartre verwandeln zu können. [...] jede *Mitteilung* von Entfernung verwandelt Trennung in Intimität.«[23] So haben sowohl Sartre als auch de Beauvoir gute Gründe, immer wieder dritte Personen in ihren Bund aufzunehmen. Idyllisch und konfliktfrei wird man sich diese Aufnahme aber nicht vorstellen dürfen (beispielsweise bei Simone de Beauvoirs großer Liebe zu Nelson Algren um 1950, die allerdings mit dessen Rückkehr zu seiner Ehefrau endet). Dass es den jeweils aufgenommenen Dritten gegenüber besonders fair zugeht, ist zumindest von diesen nachträglich manchmal bestritten worden. Auch de Beauvoir räumt dies ein: »Unsere Beziehung ging wirklich ein wenig auf Kosten dieser Dritten.«[24]

Für eine Kritik an Simone de Beauvoir und Jean-Paul Sartre als Paar, die ihnen die vorherigen Jahre der Verehrung heute quasi heimzahlt, spricht wenig; denn immerhin ist es ihnen gelungen, der normalen Spießbürgerlichkeit einer Ehe lebenslang zu entgehen (um dieses Klischee zu benutzen). Die Lebensmöglichkeiten von Paaren sind auf jeden Fall durch dieses Musterpaar bereichert worden, unabhängig davon, wie die persönliche Bewertung für jeden selbst ausfällt. Für eine nietzscheanische Ausdeutung, die die beiden als freies Giganten-Paar betrachtet, gibt es allerdings auch keinen Anlass. So frei und souverän ist die Entscheidung für den gewählten

Lebensweg dann doch nicht. Und wie viel Einsamkeit es für beide auf ihrem Weg gegeben hat, bleibt eine offene Frage.

Rossum betont mit Blick auf Sartre, »wer so aussieht, muss schwer rackern« und arbeitet einen Zusammenhang zu Sartre als Philosoph der Freiheit heraus: »Sartre, der kleine hässliche Mann, der bereits fest entschlossen war, sich mit seiner Zeit anzulegen, suchte keine Frau, die er intellektuell zertrümmern konnte, um sich hinterher erotisch und kulinarisch von ihr bekochen zu lassen. Er suchte – und fand – eine unwiderstehliche Gefährtin seiner damals gewiss noch vagen Welteroberungsphantasien. Solche Gemeinsamkeit verträgt keine Hierarchie.«[25] Verschwiegen werden darf auch nicht der große Einfluss, den de Beauvoir auf die Werke Sartres hat: Wenn jetzt immer noch seine mangelnde Bearbeitung den Werken Sartres schadet, um wie viel mehr Chaos gäbe es im Werk Sartres ohne die ordnende Hand Simone de Beauvoirs. In welchem Ausmaß Sartre darüber hinaus schlicht Gedanken und Ideen der hochbegabten de Beauvoir zu Papier bringt, wird sich kaum rekonstruieren lassen.

Es gibt wohl kein anderes Paar, das so schonungslos über sich selbst Auskunft gibt wie Sartre und de Beauvoir: In einem Gespräch mit de Beauvoir 1974 gesteht Sartre: »ich war eher ein Frauenmasturbierer als ein Beischläfer«, der sich obendrein verpflichtet fühlt, »ab einem bestimmten Moment« Nähe zu Frauen ganz klassisch auch als sexuelle Beziehung zu gestalten.[26] »Ich hatte oft Geschlechtsverkehr, aber ohne sehr großes Lustgefühl. [...] Ich hätte mich sehr wohlgefühlt, in einem Bett zu liegen, nackt mit einer nackten Frau, sie zu streicheln, zu küssen, aber ohne bis zum Sexualakt zu gehen.«[27] Sartre erweist sich eher im Gespräch mit Frauen als »ein Meister der sprechenden Sinnlichkeit«: »Verführen in diesem Sinne heißt: ein sinnliches Milieu des Sprechens zu schaffen.«[28]

So treffen wir auf einen eigenen Lebensstil der Freiheit; aber es bleibt eine offene Frage, ob Simone de Beauvoir und Jean-Paul Sartre diesen selbst in Freiheit gewählt haben. Haben wir es bei den beiden vielleicht mit der großen Illusion des Nietzscheaners zu tun, der sich gern freier dünkt, als er wirklich ist? Wie der spätere Sartre durchaus reflektiert, ist in die subjektiv erlebte Freiheit allzu oft eine von außen prägende Konformität eingebaut, die Individualität leicht zu einer Illusion werden lässt. So leicht entkommt auch Sartre als Nietzscheaner der Hölle der anderen nicht. Er versucht es aber jedenfalls, redet und schreibt gern darüber – und dies ist eine Vorliebe, die er mit Simone de Beauvoir teilt.

3. Sartre im Kontext der französischen Philosophie

Die Philosophie präsentiert sich besonders in Mitteleuropa als eine sehr stark von den Nationen (manchmal von den Regionen) geprägte Form der Kultur. Demgegenüber haben wir es in der Physik, in der Medizin oder der Ökonomie mit einer weitgehenden Internationalisierung zu tun, die schon eingesetzt hat, bevor Globalisierung zu einem kritischen Schlagwort wurde; die Erschließung der subatomaren Welt, der Kampf gegen Aids und Krebs machen ebenso wie die Suche nach Anlagen für Geld an den Grenzen der Nationen nicht Halt. Während sich die Kultur beim touristischen Reisen, bei Museumsbesuchen, aber auch bei der Kochkunst weit für die Welt geöffnet hat, scheint sich die Philosophie mit der Internationalisierung schwer zu tun. Ungeachtet der Rezeption einzelner Denker aus anderen Ländern lässt sich doch immer noch die Dominanz nationaler Stile beobachten. Es sei dahingestellt, ob dies als ein Indiz für den provinziellen Charakter der Philosophie oder eher als intellektuelle Beheimatung und wünschenswerte Entschleunigung zu bewerten ist.

Vor diesem Hintergrund ist es wichtig, ein Verständnis für die Besonderheiten französischer Philosophie zu entwickeln, um vieles im Denken von Sartre besser verstehen zu können und einen deutschen Provinzialismus zu vermeiden. Die Maßstäbe guter Philosophie sind in Frankreich andere als in Großbritannien oder in Deutschland; deshalb kann Sartre in Deutschland und Großbritannien auf keine eindeutige Wertschätzung hoffen. Gleichwohl sollte er nicht deshalb abgelehnt werden, weil kein Gespür für den Kontext seines Denkens in Frankreich vorhanden ist. Ich nehme im Folgenden die Philosophie in Großbritannien und Deutschland als Formen einer Philosophie der Gegenwart und versuche die Besonderheiten der französischen vor diesem Hintergrund zu profilieren.

Philosophie in Großbritannien und Deutschland im Kontrast

Die Philosophie in Großbritannien konzentriert sich auf zum Teil sehr spezielle Probleme, so dass die analytische Philosophie als ein typisches Beispiel für dieses Fach in Großbritannien gelten kann. Die Fähigkeit zur Spezialisierung mag darin begründet sein, dass die Entwicklung der britischen Nation spätestens seit der »glorious revolution« von 1688 in erstaunlich ruhigen Bahnen verläuft. Mit John Locke (1632–1704) steht ein Philosoph gedanklich hinter dieser erfolgreichen Revolution. Auch wenn es sicher einiges zu kritisieren gibt, so bilden die konstitutionelle Monarchie und das Parlament doch die Gewähr, insgesamt auf dem richtigen Weg zu sein. Die Philosophie muss also nicht der Versuchung erliegen, die Welt zu retten; die Welt ist – zumindest in Großbritannien – schon gerettet. John Stuart Mill (1806–1873) baut kein großes System der Philosophie, sondern macht sich Gedanken über das größte Glück der größten Zahl und streitet für die Freiheit aller und speziell auch für die Rechte von Frauen. Ein Sozialreformer also, aber kein revolutionärer Feuerkopf; denn die britische Philosophie hat ihre große gesellschaftsverändernde Aufgabe schon erfüllt. Deshalb fühlen sich die angelsächsischen Philosophen sehr viel freier, sich auf den innerakademischen Raum zurückzuziehen und sich nur im Einzelfall gesellschaftlich einzumischen. So kommt es zu der hohen Spezialisierung der Theorien, einer weit verbreiteten Orientierung an den Wissenschaften und gleichzeitigen Skepsis gegenüber der metaphysischen Spekulation. Kein Wunder, dass der Österreicher Ludwig Wittgenstein und die Philosophen des Wiener Kreises – im deutschsprachigen Raum lange Außenseiter – hier besonders geschätzt werden.

Ganz anders in Deutschland: Bescheiden war die Philosophie hier nie. Heinrich Heine (1797–1856) charakterisiert sie aus seinem Exil in Paris: »Die deutsche Philosophie ist eine wichtige das ganze Menschengeschlecht betreffende Angelegenheit, und erst die spätesten Enkel werden darüber entscheiden können, ob wir dafür zu tadeln oder zu loben sind, daß wir erst unsere Philosophie und hernach unsere Revolution ausarbeiteten. Mich dünkt, ein methodisches Volk wie wir, mußte mit der Reformation beginnen, konnte erst hierauf sich mit der Philosophie beschäftigen, und durfte nur nach deren Vollendung zur politischen Revolution übergehen. Diese Ordnung finde ich ganz vernünftig. Die Köpfe, welche die Philosophie zum Nachdenken benutzt hat, kann die Revolution nachher zu beliebigen Zwecken abschlagen. Die Philosophie hätte aber nimmermehr die Köpfe gebrauchen können, die von der Revolution, wenn diese ihr vorherging, abgeschlagen worden wären.«[1]

Für Deutschland, das es nie zu einer bürgerlichen Revolution gebracht hat, stellt Philosophie nach 1789 immer auch einen Revolutionsersatz dar. Im deutschen Idealismus mit den großen Systemphilosophen Johann Gottlieb Fichte (1762–1814), Georg Wilhelm Friedrich Hegel (1770–1831) und Friedrich Wilhelm Joseph Schelling (1775–1854) können wir eine Erscheinungsform des deutschen Sonderweges sehen, der gegenüber den Nachbarländern zur Überheblichkeit neigt. Auch Karl Marx (1818–1883) mit seinem Versuch, Hegel vom Kopf auf die Füße zu stellen, hat Teil am deutschen Sonderweg und der deutschen Systembauerei. Große Philosophie geht in Deutschland begrifflich immer aufs Ganze. Spezialisierung und das Glück der größten Zahl stoßen demgegenüber nur auf Verachtung. Dies beruht auf Gegenseitigkeit: Die deutschen Idealisten werden in Großbritannien doch eher als unverständlich und größenwahnsinnig belächelt.

In der französischen Philosophie werden traditionell mit René Descartes (1596–1650), Blaise Pascal (1632–1662), Baruch de Spinoza (1632–1677), Jean-Jacques Rousseau (1712–1778), Henri Bergson (1859–1941), aber auch mit den Moralisten Michel de Montaigne (1533–1592) und François La Rochefoucauld (1613–1680) ganz andere Autoren favorisiert als in Großbritannien und Deutschland. Schon seit der Aufklärungszeit mit François Marie Voltaire (1694–1778), Claude Adrien Helvétius (1715–1771) und Paul Thiry d'Holbach (1723–1789) fällt die besondere Radikalität der französischen Intellektuellen auf. Die Unterdrückung durch die katholische Kirche und die absolute Monarchie erweist sich im französischen Nationalstaat (anders als im liberalen England und im zersplitterten Deutschland) als besonders hart. Die französische Aufklärung mit Voltaire, aber auch mit Denis Diderot (1713–1784) agiert im Vergleich zur deutschen Aufklärung bei Gotthold Ephraim Lessing (1729–1781) antiklerikal und im Gestus radikal, weniger um Versöhnung bemüht. Widerstand formiert sich als geistiger Widerstand – eine Attitüde, die fortan zum französischen Intellektuellen dazugehört. Es ist Voltaire selbst, der sich für Jean Calas (1698–1762) einsetzt: Dieser ist trotz Voltaires Unterstützung nach der Anklage hingerichtet worden, seinen Sohn, der sich selbst getötet hatte, zur Verhinderung eines Übertritts zum Katholizismus ermordet zu haben. Voltaire schafft es, mit seiner Schrift *Sur la tolérance* im Jahre 1764 – also zwei Jahre nach der Hinrichtung – zumindest eine Aufhebung des Urteils zu erreichen. Sein Engagement ist typisch für die weitere Geschichte französischer Intellektueller, die zwischen Erfolg und Misserfolg schwankt.

Eine besonders große Bedeutung für das Selbstverständnis der Intellektuellen in Frankreich entwickelt die Dreyfus-Affäre um 1900. Dreyfus, ein jüdischer Hauptmann der französischen Armee, wird 1894 zu Unrecht der angeblichen Spionage für Deutschland bezichtigt. Die öffentliche Meinung erzwingt nach vielen Jahren eine Revision des Urteils; zu diesem Erfolg trägt auch Emile Zolas *J'accuse* bei. Mit der endgültigen Aufhebung des Fehlurteils im Jahr 1906 verbinden französische Intellektuelle die Einschätzung, dass intellektueller Widerstand durch anklagende Publikationen eine Veränderung der Gesellschaft zum Besseren bewirken kann.

Neben dem Charakter des Philosophen als Intellektuellen bringt die französische Philosophie vor allem einen anderen Stil ein: Geistreich und mit Esprit muss ein Philosoph in Frankreich argumentieren. Eine zu große Genauigkeit, gar eine Pedanterie bei der Angabe von verwendeten Quellen stört dabei eher, zumal die eigene Philosophie auch in Büchern mit hohen Auflagen und heute im Fernsehen auf Interesse stoßen soll. Die Nähe zur Literatur gilt in Frankreich als Ehrentitel für die Philosophie und nicht als Makel wie meist in Großbritannien und Deutschland. Gerade die bekannten Philosophen des 20. Jahrhunderts – neben Sartre vor allem Michel Foucault und Jacques Derrida – wollen bewusst nicht bloß akademisch sein. Hierin liegt zugleich eine Attraktion und eine Schwäche dieser Denker. Neben einer oft unterentwickelten systematisch-theoretischen Entfaltung einer These, die manchmal sogar an bloßen »Budenzauber« erinnert, trifft man auf abstrakte Spekulation, die mit Leidenschaft und Genuss betrieben wird. Nicht immer ist ganz klar, ob der Autor eigentlich selbst versteht, was er zu Papier gebracht hat. Manchmal wird bei einer schwachen Begrifflichkeit und Systematik einfach nur viel Staub mit wenig gedanklichem Ertrag aufgewirbelt.

In Frankreich besteht eine Differenz zwischen der akademischen Philosophie und der öffentlichkeitsbezogenen Philosophie, die sich in das allgemeine intellektuelle Leben einmischt. Außerhalb Frankreichs wird allerdings fast nur die öffentlichkeitsbezogene Philosophie wahrgenommen und als typisch französisch gescholten oder gelobt. Ob diese Trennung, für die es neuerdings zum Beispiel angesichts des in der

Öffentlichkeit und in den Universitäten gespaltenen Votums über Peter Sloterdijk (*1947) auch in Deutschland Indizien gibt, der Philosophie wirklich hilft, sei dahingestellt. Aus der Trennung der intellektuellen Philosophie und der akademischen Philosophie erwachsen Gefahren für beide: Die öffentliche Philosophie ist dazu verdammt, immer spektakulärer zu werden, während die akademische Philosophie immer mehr vertrocknet.

Die Rezeption von Hegel, Husserl und Heidegger in der Phänomenologie

Während um das Jahr 1930 herum die akademische Philosophie in Frankreich immer noch vom Neukantianismus dominiert wird, kommt es kurz danach zu einer Hegel-Renaissance, die für den Hintergrund von Sartres Philosophie eine zentrale Rolle spielt. Es ist vor allem die Hegel-Deutung von Alexandre Kojève (1902–1968), die einer existenzphilosophischen Lesart von Hegel zur Wirksamkeit verhilft, indem sie Hegel mit den Augen von Edmund Husserl (1859–1938) und Martin Heidegger liest. Vor diesem Hintergrund spricht man von der Zeit der drei großen H, die in der französischen Philosophie von ca. 1930 bis in die sechziger Jahre hineinreicht. Hegel, Husserl und Heidegger sind auch für Sartre die entscheidenden philosophischen Systematiker, wie überhaupt die französische Existenzphilosophie in Auseinandersetzung mit den drei großen H entsteht.

Neben Sartre kann Maurice Merleau-Ponty (1908–1961) als der eigentlich akademische Philosoph und Phänomenologe in Frankreich gelten. Merleau-Ponty ist ein wichtiger Parallelautor zu Sartre, der viele Themen und Probleme ähnlich wie Sartre angeht und damit eine Gemeinsamkeit beider als philosophische Zeitgenossen dokumentiert. Merleau-Pontys Hauptwerk, *Phänomenologie der Wahrnehmung,* erscheint

1945 und stellt Husserl von den drei H besonders heraus. In der Phänomenologie bei Merleau-Ponty gilt es »zu beschreiben, nicht zu analysieren und zu erklären« und so »zu den Sachen selbst« zu gelangen.[2] Auf diese Weise wird die szientistische Wissenschaftsorientierung ebenso kritisiert wie die überkommene cartesianische Bewusstseinsphilosophie. Die Phänomenologie geht zurück auf die lebensweltliche Erfahrung, die systematisch vorgängig zur Wissenschaft und zum subjektiven Bewusstsein anzusetzen ist. Weder die Wissenschaft noch das Bewusstsein bildet etwas »Erstes«, sondern vielmehr etwas kompliziert Abgeleitetes.[3]

Drei Wege der Philosophie

Außerhalb der akademisch geprägten Phänomenologie lohnt sich ein Blick auf das Verständnis von Philosophie, wie es von Julien Benda (1867–1956), Paul Nizan (1905–1940) und eben Sartre in besonders typischer Weise formuliert worden ist. Diese drei Wege lassen sich auch außerhalb Frankreichs als Typen der Philosophie charakterisieren:
1. die reine Philosophie
2. die nützliche Philosophie
3. die »konkrete« Philosophie.
Julien Benda vertritt die reine Form der Philosophie, die bei ihm die Gestalt einer metaphysischen Unbedingtheit annimmt.[4] Es sind auch Formen der reinen Philosophie denkbar, die weniger metaphysisch zum Beispiel in der bloßen Klärung von Begriffen ihre Reinheit ausleben. Die These von Bendas *Verrat der Intellektuellen* lautet, dass »jene, deren Amt die Verteidigung ewiger und interessefreier Werte wie der Vernunft und der Gerechtigkeit ist und die ich die *clercs* nenne, dieses ihr Amt zugunsten praktischer Interessen verraten haben«[5]. Sein positives Programm formuliert er ebenfalls ganz emphatisch und unbedingt: »Die Werte des *clerc*, deren wichtigste

Gerechtigkeit, Wahrheit und Vernunft sind, zeichnen sich durch drei Merkmale aus:

Sie sind *statisch*.

Sie sind *interessefrei (vorurteilslos zweckfrei)*.

Sie sind *rational*.«[6]

Julien Bendas Position kann Zeitbezogenheit und Aktualität nur als Opportunismus und Anbiederung an das Herrschende begreifen. Er kämpft im Namen ewiger Werte um Gerechtigkeit.

Die nützliche Philosophie tritt heute oft als technokratische und angewandte Philosophie auf. In der Mitte des 20. Jahrhunderts hat sie in Frankreich den Charakter einer Philosophie im Dienste der Weltrevolution. Die Praxisphilosophie von Marx mit der 11. These zu Feuerbach bestimmt den Geist dieser Indienstnahme: »Philosophen haben die Welt nur unterschiedlich interpretiert, es kömmt darauf an, sie zu verändern.« Die Nützlichkeit der Philosophie erweist sich in ihrer Fähigkeit, die Welt zu verändern. Nach der russischen Oktoberrevolution wird aus der marxschen Variante allerdings für die Intellektuellen nicht nur in Frankreich sehr schnell die unbedingte Indienstnahme durch die Kommunistische Partei.

Paul Nizan erweist sich in seinem Buch *Die Wachhunde* als ein typischer Vertreter dieser Position.[7] Er tritt 1927 in die Kommunistische Partei ein, die er allerdings – zu seiner Ehrenrettung sei es gesagt – anlässlich des Hitler-Stalin-Paktes 1939 wieder verlässt. Die Kommunistische Partei Frankreichs diffamiert ihn daraufhin als Spion, auch nach seinem Tod 1940 in Dünkirchen. Nicht zuletzt weil Sartre und Nizan schon in den zwanziger Jahren befreundet gewesen sind, beteiligt sich Sartre 1947 an einem Schriftsteller-Protest gegen die Verunglimpfung Nizans.

In den *Wachhunden* spricht sich Nizan gegen den »Mythos der akademischen Klerisei« aus, die jede Philosophie für nützlich hält: »Man sollte endlich begreifen und öffentlich aussprechen, daß manche Philosophen für die Menschen heilsam sind, andere tödlich, und daß der konkrete Nutzen einer bestimmten Weisheit kein allgemeines Kennzeichen der Philosophie schlechthin ist.«[8] Nizan gibt den »einfachen Menschen das letzte Wort über die Philosophie, die sie zunächst nach ihren Folgen beurteilen«[9]. Im Klang fast ironisch, aber doch ernsthaft, verteidigt er »das Denken der Menge [...] gegen die Selbstgefälligkeit der Berufsdenker«: »Die simplen Menschenköpfe fühlen sich in der Eiswüste der Ideen nicht wohl. An den intelligiblen Orten läßt es sich nicht frei atmen. Sie besitzen die Unverfrorenheit, sich nicht ausschließlich für die Brillanz eines Arguments, die formalen Feinheiten einer Lösung, der Geschicklichkeit philosophischer Begriffsakrobatik zu begeistern.«[10] Ausdrücklich wird Julien Benda kritisiert, indem ihm die Position eines Nutzens durch Nicht-Nützlichkeit untergeschoben wird.[11]

Paul Nizan selbst betritt mit seinen Überlegungen zur Nützlichkeit der Philosophie nach dem Maßstab der einfachen Menschen eine schiefe Ebene, die in folgenden Übersetzungsschritten verhängnisvoll ist:

1. Die Philosophie soll der Menschheit dienen.
2. Der Menschheit dienen heißt dem Proletariat dienen.
3. Dem Proletariat dienen heißt der Kommunistischen Partei dienen.

So weit propagiert Nizan die Übersetzung selbst. Andere haben sie jedoch in zwei weiteren Schritten fortgesetzt:

4. Der Kommunistischen Partei dienen heißt der Parteileitung dienen.
5. Der Parteileitung dienen heißt Stalin dienen.

Bei Paul Nizan wird in aller Schärfe der Schwachpunkt jeder vordergründig nützlichen Philosophie deutlich: Nützliche Philosophie gibt sich selbst auf und delegiert die Festlegung der Wahrheit nach außen. Wenn die Alternative sich auf reine oder nützliche Philosophie beschränken müsste, kann im Namen der Philosophie der Weg eigentlich nur auf Seiten der reinen Philosophie gesucht werden. Die nützliche Philosophie ist der Anfang vom Ende der Philosophie überhaupt.

Vor diesem Hintergrund stellt sich die Frage, ob es einen dritten Weg in der Philosophie geben kann. Jean-Paul Sartre glaubt dies, auch wenn er in Teilen seines Werks und vor allem seiner öffentlichen Stellungnahmen bisweilen doch auf der Seite Paul Nizans steht und eine für die Weltrevolution vermeintlich nützliche Philosophie stützt.[12] Überwiegend ist Sartre jedoch eine Philosophie zuzuschreiben, die eine Vorgabe der Nützlichkeit von außen nicht akzeptiert.[13] Als engagierte Philosophie will diese gleichzeitig konkret sein, so dass die Vermittlung von Philosophie und Literatur für diesen Weg der Philosophie keineswegs äußerlich ist.[14] Sartre selbst hebt zu Beginn von *Fragen der Methode* hervor, dass es für ihn nicht *die* Philosophie gebe, sondern in »Wirklichkeit gibt es *Philosophien*«[15]. Gleichwohl sieht er folgende Gemeinsamkeit: »Jede Philosophie ist praktisch, sie mag zunächst noch so kontemplativ erscheinen.«[16] Von den originalen Philosophen, die er mit Descartes, Locke, Kant, Hegel und Marx identifiziert, unterscheidet er die bloß »Gebildeten, die nach den großen Blütezeiten kommen«; »sie bearbeiten das Feld, machen Inventur und errichten einige Bauten, es kommt sogar vor, daß sie gewisse innere Veränderungen beitragen; sie nähren sich jedoch noch vom lebendigen Denken der großen Toten«[17]. Selbstverständlich will Sartre nicht nur gebildet sein, sondern zu den originalen Philosophen gehören.

4. Sartres Theorie und Praxis des Engagements

Mit dem Text *Was ist Literatur?* greift Sartre in die Kontroverse um die Aufgabe und Rolle des Intellektuellen ein, indem er Merkmale einer engagierten Literatur analysiert. Umgangssprachlich (und genau so ist auch Sartre selbst oft missverstanden worden) versteht man unter engagierter Literatur ein Schreiben, das sich für außerliterarische Zwecke vereinnahmen lässt. Demnach wäre eine engagierte Literatur eine Literatur, die sich zum Beispiel um die Belange der arbeitenden Klasse kümmert oder für den Weltfrieden eintritt.

Gegen ein solches Missverständnis seiner Konzeption engagierter Literatur wendet sich Sartre in dieser Schrift: Er versteht sich eindeutig nicht als sozialistischer Realist oder überhaupt als Anhänger einer populären Tendenzliteratur.[1] Eine besonders kritische Aufmerksamkeit widmet er in diesem 1948 erstmals als Buch erschienenen Text einer Literatur im Dienste der Kommunistischen Partei. Sartre würde »lieber die Literatur mit eignen Händen begraben, als sie den Zwecken dienen zu lassen, zu denen er [Roger Garaudy, ein damals bekannter Propagandist der Kommunistischen Partei] sie benutzt«[2]. Und in ausdrücklicher Bezugnahme auf Paul Nizan heißt es: »Weil wir noch frei sind, werden wir uns nicht den Wachhunden der Kommunistischen Partei anschließen; [...] nur aus Geistesverwirrung könnte man seine Sache mit ihren gleichsetzen.«[3] Auch sein politisches Urteil in *Was ist Literatur?* macht deutlich, dass er auf Distanz zur Kommunistischen Partei bleibt. Sartre verweigert sich der Alternative des Kalten Krieges, »USA oder Sowjetunion«, und besteht darauf, dass selbst bei einer gewissen Sympathie gegenüber den Zielen einer sozialistischen Gesellschaft die eingesetzten Mittel in der Sowjetunion keinesfalls als akzeptabel anzusehen sind.[4] Engagierte Literatur bedeutet bei Sartre also nicht engagiert für die Kommunistische Partei im Sinne von Paul Nizan. Gehört Sartre dann auf die Seite von Julien Benda? Nein, denn dessen Verteidigung idealer Werte erscheint Sartre weltlos und unkonkret.[5]

In *Was ist Literatur?* bleibt er sowohl auf Distanz zu Nizan als auch zu Benda. Seine eigene Antwort stellt den Gedanken der Freiheit in den Mittelpunkt und knüpft unmittelbar an die wörtliche Bedeutung von Engagement im Französischen an. Danach hat Engagement etwas mit Verbindlichkeit, geradezu mit Verpflichtung zu tun. Eine engagierte Literatur ist involviert in die Geschehnisse der Welt und der Menschen. Ihr ist es nicht gleichgültig, was in der Welt passiert. Allerdings wird nicht einfach ein außerliterarischer Zweck vertreten. Vielmehr appelliert der Schreiber mit seinen Texten an den Leser, sich Textinhalte in Freiheit anzueignen. Es handelt sich nicht um einen ästhetischen Selbstzweck, sondern um eine freie Kommunikation zwischen Autor und Leser. Der engagierte Autor hat etwas mitzuteilen, was der Leser – wenn er denn will – übernehmen kann. Deshalb ist es für Sartre zentral, dass der Autor wichtiger Literatur auch wirklich seine Leserschaft findet. Sprechen ist Handeln, und Schreiben ist Enthüllen, daher sind Wörter wie »geladene Pistolen«[6]. In jedem Wort steckt aber auch ein »Transzendenzweg«: »Schreiben heißt an den Leser appellieren, daß er die Enthüllung, die ich mittels der Sprache unternommen habe, zur objektiven Existenz übergehen lasse.«[7]

Sartre nutzt zur weiteren Erläuterung einen zentralen Gedanken der Philosophie Husserls, nämlich den der Intentionalität, die von einer Gerichtetheit aller mentalen Vorgänge ausgeht. Der Begriff des Engagements, der schon durch die französische Umgangssprache profiliert ist, hat für ihn zugleich diese an Husserl erinnernde Tiefendimension, die ihn endgültig von den Missverständnissen einer Indienstnahme durch Tagesaktualität wegführt. Wie jede mentale Gerichtetheit weist die Imagination in der Literatur über sich hinaus und ist in die Welt involviert: »Schreiben ist eine bestimmte Art, die Freiheit

zu wollen; wenn man einmal angefangen hat, ist man wohl
oder übel engagiert.«[8]

Engagiert sein heißt involviert sein

In der formalen Bestimmung des Engagements als Involviertsein begreift Sartre jetzt das Engagement so umfassend, dass
die Frage aufzuwerfen ist, ob es in diesem Sinne überhaupt
nichtengagierte Literatur geben kann. Beim Lesen von *Was ist
Literatur?* gewinnt man den Eindruck, dass er an Lyrik denkt,
wenn er nichtengagierte Literatur vor Augen hat. Dies wäre insofern nicht verwunderlich, als Lyrik so ziemlich die einzige
Literaturgattung ist, in der sich Sartre nicht hervorgetan hat.
Deshalb fällt es ihm leicht, Prosa und Lyrik scharf voneinander
abzugrenzen. Sachlich ist dies sicher nicht zwingend, denn
ein weniger an Thesen und Programmen interessiertes Schreiben von Prosa wird die Nähe beider stärker akzentuieren können. Wenn man sich Lyrik, Prosa und Philosophie als drei
Pfeiler eines Kontinuums denkt, dann lässt sich Sartres Prosa-
verständnis stärker auf der Seite der Philosophie einordnen als
auf der Seite der Lyrik.
Geradezu polemisch stellt er fest, dass die nichtengagierte
Literatur die nicht auf Kommunikation gerichtete Literatur sei.
In Gestalt der Surrealisten kritisiert Sartre diese Form der Literatur: »Und dann mißtraue ich dem Unkommunizierbaren,
das ist die Quelle jeder Gewalt.«[9] Kommunikation und Freiheit
gehören für ihn zusammen: Er vertritt kein instrumentelles
Kommunikationsmodell, in dem der Sender vermeintlich direkt und ohne Verluste den Hörer oder Leser erreichen kann,
sondern Kommunikation ist für ihn ein freier Akt, in dem der
Appell des Autors vom Leser in Freiheit angeeignet wird.
Dabei sieht Sartre klar, dass Schreiben und Lesen Einschrän-
kungen unterliegen: »Es ist zwar wahr, daß das Wesen des literarischen Werks die Freiheit ist, die sich entdeckt und total sie

selbst sein will als Appell an die Freiheit der anderen Menschen, aber es ist auch wahr, daß die verschiedenen Formen der Unterdrückung, weil sie den Menschen verbergen, daß sie frei sind, den Autoren alles oder einen Teil von diesem Wesen verdeckt haben.«[10] Hier deutet sich gedanklich eine interessante Querverbindung an: Schreiben und Lesen »dienen« der Freiheit auch gesellschaftlich, weil Schreiben und Lesen nur in Freiheit möglich sind. Gerade weil engagierte Literatur Themen der Verbindlichkeit wählt, muss der Leser in Verbindlichkeit reagieren und seine Freiheit schulen. Das Engagement besteht also nicht im Vermitteln von vorgegebenen »Wahrheiten«, sondern im Involviertsein in den Prozess der Freiheit: »Man schreibt nicht für Sklaven. Die Kunst der Prosa ist mit dem einzigen System solidarisch, wo die Prosa einen Sinn behält: mit der Demokratie.«[11] Dies sollte nicht im Sinne einer vordergründigen Verteidigung des Parlamentarismus gedeutet werden, sondern als Betonung, dass »wir gegen alle Welt schreiben« und »in der Luft« bleiben. Der Gedanke der Freiheit richtet sich im Zweifelsfall auch gegen Institutionen, die sich die Freiheit auf ihre Fahnen geschrieben haben: »Durch die Literatur geht die Kollektivität […] zur Reflexion und zur Vermittlung über, sie erwirbt ein unglückliches Bewußtsein, ein unausgeglichenes Bild von sich selbst, das sie ständig zu verändern und zu verbessern sucht.«[12] Freiheit bedeutet nach Sartre immer wieder ein Wagnis; ein kommodes Einrichten ist für ihn ausgeschlossen: Schreiben ist ein Unternehmen von Schriftstellern, die »lebendig sind, bevor sie tot sind«[13].

Seine Theorie des Engagements hat durchaus politische Anklänge, ist aber keine vordergründig politische Theorie: »Beim Begriff des Engagements handelt es sich nicht um einen politischen Begriff, der auf die sozialen Verpflichtungen des Schriftstellers pocht; es handelt sich vielmehr um einen philosophischen Begriff, der die metaphysischen Kräfte der Sprache bezeichnet.«[14] Mit einem gewissen Stolz macht sich Sartre zum Fürsprecher des präsenten Schriftstellers, der sich in Verbindlichkeit an eine große Leserschaft wendet. *Was ist Lite-*

ratur? stellt dabei eine programmatische Schrift für das ganze Schreiben von Sartre dar.

Schmutzige Hände bei den *Schmutzigen Händen*

Hätte sich Sartre in den Jahren nach der Publikation von *Was ist Literatur?* doch nur an seine eigenen Auffassungen gehalten! Während sich seine Theorie des Engagements in der Literatur als reflektiert und subtil erweist, ist Sartres wirkliches Auftreten oft plump und fern jeder Subtilität. Zwischen *Was ist Literatur?* und den politischen Verirrungen ab den fünfziger Jahren ist Sartres Theaterstück *Die schmutzigen Hände* anzusiedeln, das am 2. April 1948 in Paris uraufgeführt wird. Es verurteilt zwar den Kadavergehorsam der Kommunistischen Partei, die ihre Genossen dazu treibt, sich die Hände schmutzig zu machen. Das Stück nimmt den Konflikt um den Parteiauftrag allerdings ernst und quält sich mit der Frage, wie sich das Individuum dem Parteiauftrag – und sei es ein Auftrag zum Mord – gegenüber verhalten soll. Damit bleibt das Drama in der Denkweise von Auftrag und Gehorsam gefangen (und erscheint merkwürdig distanzlos gegenüber dem herrischen und zackigen Ton seiner Figuren). Wäre es hier sachlich nicht überzeugender gewesen, den Kollektivismus der Partei dem Verlachen einer Komödie zu überlassen? Wie kann im Ernst von einem Philosophen der Freiheit die Melodramatik von Verrat und Gegenverrat akzeptiert werden?

Selbst wenn man dem Stück zugute hält, dass hierin zeitbedingte Umstände ausgedrückt werden, ist Sartres eigener Umgang mit diesem Werk nach 1952 empörend: Das gemessen an der Aufführungszahl besonders erfolgreiche Theaterstück darf nach einer Verfügung von ihm international nur noch gezeigt werden, wenn die Kommunistische Partei des jeweiligen Landes zustimmt. Infolgedessen wird das Drama in Wien, Antwerpen, Spanien, Griechenland und Indochina nicht auf den Spielplan gesetzt; denn Sartre befürchtet eine antikommunistische Instrumentalisierung des Stücks.[15] Was ist mit Sartre zwischen 1948 und 1952 passiert? Noch in einem Interview des Jahres 1964 beklagt er den falschen Beifall, den das Stück bekommen habe, und rechtfertigt ausdrücklich »die physische Vernichtung einer Opposition«, er spricht von »Maßnahmen, die ich persönlich als unvermeidbar ansehe«[16].

Die Distanzierung vom eigenen Stück bildet den Auftakt zu einer ganzen Reihe von Absurditäten, bei denen man sich heute fragt, wie sich Sartre als Philosoph der Freiheit für Formen eines totalitären Kommunismus vereinnahmen lassen konnte. Hier gibt es nichts zu beschönigen, wobei man Sartre allerdings keinen Opportunismus vorwerfen kann: »Sartre war weder Kommunist noch Marxist, als die Mehrheit der Intellektuellen von 1945 es waren. 1952 näherte er sich der KPF genau in dem Moment, als diese Generation sich auf ihren Austritt vorbereitete. Was Sartre 1952–1953 jubelnd entdeckte, waren sie im Begriff zu verlassen.«[17] Er selbst sieht sich als kritischen Weggefährten des Kommunismus: »Meiner Ansicht nach hat ein Intellektueller überhaupt die Aufgabe, Disziplin und Kritik miteinander zu verbinden; das ist ein Widerspruch, aber ein Widerspruch, für den wir verantwortlich sind, und es ist unsere Sache, beides miteinander zu vereinbaren.«[18] Vom ursprünglichen Programm engagierter Literatur, die Freiheit braucht, hat sich Sartre mit dieser Orientierung an der Versöhnung des Widerspruchs von Disziplin und Kritik jedenfalls verabschiedet.

Sartre auf dem Holzweg und der Bruch mit Camus

Zwischen Theorie und Praxis des Engagements entstehen beim Sartre der fünfziger Jahre scharfe Brüche. Lévy spricht von einer Änderung der hinter dem Engagement stehenden Philosophie Sartres, die »von einer aktiven, fröhlichen, spielerischen, bejahenden zu einer nihilistischen Friedhofsphilosophie übergegangen« sei.[19] Schon bei seiner Rückkehr aus der Sowjetunion 1954 verblüfft Sartre seine Zeitgenossen mit der Einschätzung, dass in der UdSSR eine totale Freiheit der Kritik herrsche. »Seine enthusiastischen Erklärungen machten alle sprachlos, die seine Einwände gegen die kommunistischen Methoden, die kommunistische Moral, die kommunistischen Exzesse geteilt und daran festgehalten hatten. In den emphatischsten, maßlosesten, naivsten und überraschendsten Erklärungen ließ sich Sartre zum unglaublichsten prosowjetischen Loblied hinreißen.«[20] Für die sechziger Jahre prophezeit er der Sowjetunion einen Lebensstandard, der dreißig bis vierzig Prozent über dem Frankreichs läge.[21]

Bezeichnend für Sartres Irrtümer ist der eskalierende Streit mit Camus.[22] Auch wenn man früh ein Konkurrenzverhältnis zwischen Camus und Sartre unterstellen darf – Lévy spricht von einer handfesten Eifersucht des hässlichen Sartre auf Camus[23] –, hat Sartre die Bücher *Der Fremde* und *Der Mythos von Sisyphos* von Camus zu Beginn der vierziger Jahre noch enthusiastisch begrüßt und Camus ganz wohlwollend in die Tradition der französischen Moralisten eingeordnet. Mit Ausnahme des Theaterbereichs, wo Camus eigene große Erfolge feiert, ist Sartre sicher bald der erfolgreichere und zunehmend bekanntere Autor. Sartre begegnet Albert Camus, der aus eher armen Verhältnissen in Algerien stammt, nicht frei von sozialem Dünkel und mit einer gewissen Verachtung wegen einer mangelnden Intellektualität.

Der eigentliche Bruch findet statt, als die völlig unterschiedliche Sichtweise des Stalinismus anlässlich der Publikation von Camus' *Der Mensch in der Revolte* zu Tage tritt. Das Buch erscheint 1951 und wird in Sartres Zeitschrift *Les Temps Modernes* von Francis Jeanson kritisch rezensiert. Camus glaubt, dass diese Besprechung von Sartre selbst veranlasst ist und antwortet mit grundsätzlicher Kritik an der Ausrichtung der ganzen Zeitschrift, die nur Konzentrationslager der Rechten anprangere und die russischen Lager totschweige. Daraufhin antwortet Sartre selbst: »Unsere Freundschaft war nicht einfach, aber es wird mir leid um sie sein.«[24] Sartre wirft Camus einen unhistorischen Moralismus vor und empfiehlt ihm, sich doch auf die Galapagosinseln zurückzuziehen, von wo er ja die Versklavung der Menschheit neutral beobachten könne.

Die Kontroverse zwischen beiden ist keineswegs aufgrund von Missverständnissen eskaliert, diese haben lediglich den Verlauf der Auseinandersetzung beeinflusst. Im Kern streiten sie sich um die Frage, ob ein vermeintlich oder tatsächlich hehres Ziel wie der Sozialismus Gewalt rechtfertigt. Sartre hat ein instrumentelles Verhältnis zu dieser Frage und Camus ein moralisches. Die Camus-Sartre-Kontroverse ist gleichzeitig ein Ausdruck der Frage, wie stark man gegenüber den Übeln der eigenen »Partei« schweigen darf. Auch hier verteidigt Sartre eine Art Solidarität gegenüber den eigenen Leuten, während Camus für Unvoreingenommenheit plädiert. Wenn die so genannten eigenen Leute bei einem gemeinsamen Ziel Verbrechen begehen, dann sind sie für Camus anschließend nicht mehr die eigenen Leute, sondern Verbrecher, die sich in nichts von denen der anderen Seite unterscheiden.

In den *Schmutzigen Händen* gibt es eine Stelle, die so auch von Camus sein könnte: »Mir sind Leute lieb, die Angst vor dem Tod der anderen haben: Das zeigt, daß sie zu leben verstehen.«[25] Camus hat diese ursprünglich gemeinsame Grundlage in den fünfziger Jahren beibehalten – eine aufrechte Haltung, die ihn in Frankreich zunehmend isoliert hat. Lévy bringt in der Deutung der Kontroverse seine persönliche und politische Sympathie zum Ausdruck: »Sartre oder Camus? Natürlich Camus. Seine Großzügigkeit. Seine Würde. Diese Art, sich an der scharf schießenden sektiererischen Linken zu rächen, indem er, wie er sagte, ›wütend glücklich‹ war.«[26] Auch wenn alles persönliche und politische Recht auf Camus' Seite liegt, muss man einräumen, dass die philosophischen Grundlagen bei Camus doch eher mager sind. So sympathisch sein Hedonismus und »mittelmeerisches Denken« auch ausfallen, haben wir es hier vor allem mit Anregungen zur Lebenskunst zu tun. Trotz dieser Einschränkung mit Blick auf die systematische Philosophie ist Camus in seinem politischen und moralischen Urteil der Verlässliche, während Sartre auf dem Holzweg umherirrt.

Freispruch für Sartre?

Allerdings nimmt Sartre nach seiner geradezu blinden Verteidigung der Sowjetunion dann 1956 immerhin doch Stellung gegen die sowjetischen Panzer in Ungarn.[27] Es heißt oft, dass seine stalinistische Phase mit dieser Stellungnahme wieder beendet gewesen sei. Dies ist richtig, insofern Sartre den Einmarsch kritisiert und von einem »unglaublichen Fehler« und einer »verbrecherischen Stümperei« spricht: »Ich verurteile die sowjetische Aggression restlos und ohne Vorbehalt [...]. Die Kommunisten haben ihre Ehre verloren.«[28] Zugleich arbeitet er als Ursache heraus, dass in Ungarn eine »rechte« Revolution und eine Verabschiedung des Sozialismus auf der Tagesordnung standen und »sich der ungarische Aufstand der totalen Liquidierung der sogenannten sozialistischen Grundlagen des Regimes zuwandte«[29]. Trotz dieser verständnisvollen Nachzeichnung der Vorgeschichte bleibt seine Reaktion freilich eindeutig: »Ungeachtet ihrer Ursachen war die Intervention in jedem Fall ein Verbrechen. Die Behauptung, daß die Arbeiter Schulter an Schulter mit den Sowjettruppen kämpften, ist eine erbärmliche Lüge.«[30] Die Verurteilung des Einmarsches erfolgt also tatsächlich eindeutig.

Das Problem liegt eher darin, dass sich Sartre nicht rückhaltlos zur Demokratie zu bekennen vermag, wenn Wahlen zu einer rechtskonservativen Regierung führen: Demokratisierung heißt für ihn nicht »Rückkehr zum Mehrparteiensystem«; denn »das Wiederauftauchen der konservativen Parteien« hat in Ungarn für ihn ja gerade die Anwesenheit der »Russen in Ungarn nahezu notwendig gemacht«[31]. Seine Stellungnahme bleibt so von taktischen Erwägungen geprägt; im Grunde denkt er nur an eine stärkere innerparteiliche Demokratie in der Kommunistischen Partei und an eine Gewährung individueller Rechte sowie die Aufhebung der Zensur. Zwar sollte man Sartres Verstrickung in den Stalinismus nicht übertreiben, zumal sie sich auf die Jahre 1952 bis 1956 beschränkt. Allerdings ist auch seine Distanzierung von der Intervention in Ungarn 1956 (und später in Prag 1968) nicht wirklich von einer grundsätzlichen Überzeugung getragen: Im selben Interview, in dem Sartre seine Einwände gegen den sowjetischen Einmarsch vorbringt, prangert er Chruschtschows öffentliche Kritik an den stalinistischen Verbrechen der Sowjetunion an. Nur nach vorheriger »Erhöhung des Lebensniveaus der Bevölkerung« wäre eine »solche Offenherzigkeit« der detaillierten »Schilderung aller Verbrechen« keine »Dummheit« gewesen.[32]

Noch in einem Text aus dem Jahr 1973 macht sich Sartre unter der Überschrift »Wahlen, Idiotenfallen« Gedanken über parlamentarische Wahlen: »Das allgemeine Wahlrecht ist eine Institution, also ein Kollektiv, das die konkreten Menschen atomisiert oder serialisiert und sich an abstrakte Wesenheiten in ihnen wendet, die Bürger, die durch ein Ensemble von Rechten und politischen Pflichten [...] definiert sind. [...] Wählen, nicht wählen, das ist einerlei.«[33] An die Stelle einer parlamentarischen Demokratie möchte er die direkte Aktion gesetzt wissen: »Was man auch [...] tut, nichts wird man getan haben, wenn man nicht gleichzeitig, also von heute an, das System der indirekten Demokratie bekämpft, das uns vorsätzlich zur Ohnmacht verdammt, und jeder nach seinen Möglichkeiten die breite antihierarchische Bewegung zu organisieren versucht, die die Institution überall in Frage stellt.«[34]

Je berühmter Sartre wird, desto mehr genießt er Narrenfreiheit. Ihm kommt eine Autorität nicht nur in Frankreich zu, die keineswegs darauf basiert, dass er so kluge und abgewogene Worte zu aktuellen politischen Ereignissen findet. De Gaulles Ausspruch »Voltaire verhaftet man nicht«, der das Sakrosankte Sartres selbst bei rechtlichen Verfehlungen offen zugesteht, markiert den Höhepunkt von Sartres Autorität als Intellektueller. Dabei nimmt er an Ereignissen um 1968 herum schon nicht mehr als zentrale Figur teil. Insbesondere im Mai 1968 rechnet er sich selbst zu den Älteren, die die Aktionen der Jüngeren nur noch mit Sympathie von außen begleiten können. So bezieht Sartre 1968 in einem Gespräch mit Daniel Cohn-Bendit Stellung: »Was an Ihrer Aktion interessant ist: sie setzt die Phantasie an die Macht. Auch Ihre Phantasie hat gewiß Grenzen, aber Sie haben viel mehr Ideen, als Ihre Väter hatten. Wir, die Älteren, sind auf solche Weise geformt worden, daß wir eine Vorstellung davon hatten, was möglich sei und was nicht.«[35]
Weniger als Beobachter von außen agiert Sartre zugunsten verschiedener Länder der so genannten Dritten Welt. Ab Mitte der fünfziger Jahre wird für ihn dieses Engagement immer wichtiger, so zunächst besonders für die Befreiung Algeriens von der französischen Kolonialherrschaft. Diese wird zu einem neuen Zentralthema der französischen Linken; Sartre selbst verknüpft die beiden Themen Ungarn und Algerien: »So unangenehm es mir ist, mit der Kommunistischen Partei zu brechen, ich kann es tun, weil ich beizeiten den Krieg in Algerien verurteilt habe.«[36] Auch Sartres weiteres Leben ist von einem rastlosen, hier nicht ausreichend zu würdigenden Engagement für wechselnde Themen charakterisiert. Hervorgehoben sei nur seine Rolle im Russell-Tribunal gegen den Vietnamkrieg, aber auch sein Besuch in Stuttgart-Stammheim beim deutschen Terroristen Andreas Baader und seine für einen Linksintellektuellen keineswegs selbstverständliche Unterstützung Israels.

Worauf basiert die Autorität des Intellektuellen?

Worauf beruht nun die Autorität von Sartre – einem Schriftsteller aus Paris –, wenn es um Weltereignisse wie den Vietnamkrieg oder den deutschen Terrorismus geht? Sind kompetente Hinweise bei solchen Themen nicht eher von Polizeiexperten oder von ausgewiesenen Asienkennern zu erwarten? Oder von persönlich durch Krieg und Terrorismus als Opfer oder Täter Betroffenen? Die Selbststilisierung von Intellektuellen unterstellt eine besondere moralische Autorität zur Beurteilung solcher Themen; der Intellektuelle tritt als das Gewissen der Welt auf. Voltaire und Zola engagierten sich für zu Unrecht Verurteilte; dies ist sicher immer – nicht nur bei Intellektuellen – lobenswert. Nicht zuletzt Sartres Irrwege bei allgemeinen politischen Überzeugungen werfen aber die kritische Frage auf, ob die moralische Autorität des Intellektuellen über eine berechtigte Grundlage verfügt. Schließlich muss die Welt (oder vielmehr müssen die in ihr lebenden Menschen) selbst für sich Verantwortung übernehmen; es kann nicht die stellvertretende Aufgabe des Intellektuellen sein, ein Gewissen für die Welt zu haben. Ohnehin wäre es eine fatale Arbeitsteilung, wenn der eine handelt und der andere für die Moral zuständig ist. So kann ein Intellektueller bestenfalls Vorschläge machen, wie das Gewissen der Welt beschaffen sein sollte, er kann es aber nicht stellvertretend übernehmen.

Wenn die Moral nicht das eigentliche Kompetenzfeld des Intellektuellen ist, was dann? Ein Schriftsteller und Philosoph eignet sich gewöhnlich nicht als Experte in der komplexen Welt; es gibt viele Praktiker, die diese Rolle besser wahrnehmen: Der Intellektuelle hat jedenfalls keinen privilegierten Zugang zu den Fakten. Auszuräumen ist auch das Märchen vom Linksintellektuellen, das Sartre gern erzählt: »Vor allem meine ich, daß kein Intellektueller existiert, der nicht ›links‹ ist. Natürlich gibt es Leute, die Bücher oder Essays schreiben und zur Rechten gehören. Aber für mich genügt es eben nicht, seine Intelligenz funktionieren zu lassen, damit einer ein Intellektueller ist.«[37] Die von Sartre propagierte Gleichung verleiht dem nachdenklichen Linken den Ehrentitel des Intellektuellen, während ein kluger Rechter tendenziell als Technokrat diffamiert wird. In der Person von Raymond Aron – zeitweise Sartre nahe stehend – wäre in Sartres eigener Umgebung der lebende Gegenbeweis zu finden, dass es Rechtsintellektuelle geben kann. Wenn man heute dem Intellektuellen noch einen positiven Sinn abgewinnen will, dann nicht in einer Verbindung mit Links- oder Rechtssein; denn diese Bindung steht in keinem überzeugenden Verhältnis zur gebotenen Nachdenklichkeit des Intellektuellen. Heute macht vermutlich das ganze Reden von rechts und links ohnehin keinen großen Sinn mehr, es ist auf jeden Fall ungeeignet zur Klärung der Rolle des Intellektuellen.

Verwiesen sei an dieser Stelle auf Michael Walzer, der sich in *Zweifel und Einmischung* mit gesellschaftskritischen Autoren des 20. Jahrhunderts befasst.[38] Dabei arbeitet er die Gefahren einer ideologischen Einmischung ebenso heraus wie die einer metaphysischen Haltung fern der Tagesaktualität. Sartre hätte von seinem Philosophieverständnis her eigentlich das Potenzial, die Rolle des zweifelnden und sich einmischenden Intellektuellen zu spielen. Neben dem Engagement ist die Unabhängigkeit gegenüber Parteien, überhaupt gegenüber Institutionen und Bewegungen dafür ein wichtiges Kriterium. So könnte ein Intellektueller mit der Fähigkeit zur Synthese durchaus eine Rolle in modernen Gesellschaften spielen, er würde die Ansprüche unterschiedlicher Lebensbereiche gegeneinander abwägen und eine moralische Bewertung vorschlagen. Diese Rolle wird allerdings nur noch mit einer begrenzten Autorität verbunden sein können, für die der absolute Intellektuelle Sartre kein Vorbild abgeben dürfte. Sartre hat sich vor allem eingemischt und zu wenig an sich und seiner Kompetenz gezweifelt. Die Autorität des großen Intellektuellen hat er zu Unrecht genossen.

5. Die Freiheit der Wahl im existenziellen Individualismus

»Freiheit« ist ein vieldeutiges Wort, deshalb bedarf es der Klärung, was Sartre mit »Freiheit« meint. Sein Begriff einer Freiheit der Wahl hat nichts mit politischer oder ökonomischer Freiheit zu tun.

In der klassischen Freiheitsdiskussion geht es um die Willensfreiheit, also um die Frage, ob wir frei (und quasi beliebig) wollen können, was immer wir auch wählen. Es geht nicht um die Handlungsfreiheit, also darum, ob wir das, was wir wollen, auch ausführen können; vielmehr steht zur Debatte, ob es Wahlfreiheit als Willensfreiheit gibt und wie sie sich zu einer Determination verhält. Von Albert Einstein stammt die Sentenz »ein Mensch kann zwar tun, was er will, aber nicht wollen, was er will«[1], mit der er prägnant Handlungs- und Willensfreiheit unterscheidet. Handlungsfreiheit meint Freiheit von Hindernissen bei der Ausführung einer Handlung nach der Formulierung eines Willens. Willensfreiheit bezieht sich demgegenüber auf die Freiheit von Beeinflussungen vor der Formulierung eines eigenen Willens.

Das Thema Willensfreiheit wird in der Philosophie von drei Grundpositionen geprägt: dem Determinismus, der Idee der Willensfreiheit und einer Vereinbarkeitsthese von (bedingter) Freiheit und Determination. Der Determinismus wird in der Philosophie beispielsweise von Thomas Hobbes (1588–1679) vertreten und vor allem von den empirischen Wissenschaften inspiriert – sei es der Physik, Psychologie, Soziologie oder jüngst der Neurobiologie. Klassische Formulierungen zur Willensfreiheit finden sich beispielsweise bei René Descartes und bei Immanuel Kant (1724–1804). So formuliert Kant in der Freiheitsantinomie der *Kritik der reinen Vernunft*: »Die Kausalität nach Gesetzen der Natur ist nicht die einzige, aus welcher die Erscheinungen der Welt insgesamt abgeleitet werden können. Es ist noch eine Kausalität durch Freiheit zur Erklärung derselben anzunehmen notwendig.« (A 444/B 472) Zwar lässt Kant theoretisch durchaus offen, ob eine solche Freiheit nur ideell oder empirisch wirklich ist.[2] Deutlich wird gleichwohl die hohe Hürde, die eine klassische These der Willensfreiheit nehmen muss: Die natürlichen Determinationen müssen bei einer Handlung aus Freiheit aufgehoben sein; denn freie Handlungen erfordern eine Kausalität eigener Art außerhalb des Naturzusammenhangs.

In der klassischen Philosophie gibt es allerdings mit Autoren wie Baruch de Spinoza und David Hume (1711–1776) auch Positionen, die es leichter machen, dem Menschen Willensfreiheit zu attestieren. So schreibt Spinoza in seiner *Ethik in geometrischer Ordnung dargestellt*: »Dasjenige Ding heißt frei, das allein aus der Notwendigkeit seiner Natur heraus existiert und allein von sich her zum Handeln bestimmt wird; notwendig oder eher gezwungen dagegen dasjenige, das von einem anderen bestimmt wird, auf bestimmte und geregelte Weise zu existieren und etwas zu bewirken.«[3]

Wenn Freiheit die Übereinstimmung mit der eigenen Natur meint, dürfte es leichter sein, die These der Willensfreiheit im Angesicht der Wissenschaften zu vertreten. Freie Handlungen sind dann Handlungen, die durchaus auf eine bestimmte Art und Weise determiniert sind. Während dann beispielsweise reflexhafte und ohne Überlegung spontan ausgeführte Handlungen als weniger frei gelten, könnten Handlungen nach genauer Erwägung als frei gedeutet werden. So wäre Willensfreiheit die grundsätzliche Fähigkeit des Menschen, Stellung gegenüber den eigenen Impulsen zu beziehen.

Wenn Sartre seine These der Wahlfreiheit vertritt, wird er üblicherweise so verstanden, dass er sich der klassischen These der Willensfreiheit anschließt. Da Sartre selbst nicht in analytischen Kategorien denkt und die hier vorgeschlagene Differenzierung des Freiheitsthemas nicht nutzt, gibt es bei ihm sowohl Stellen, die für die Lesart der klassischen Willensfreiheit sprechen, als auch solche, die die Vereinbarkeitsthese nahe legen. Insbesondere in dem populären Text *Der Existentialismus ist ein Humanismus*, den Sartre am 28. Oktober 1945 als Vortrag hält, treffen wir auf zugespitzte Thesen zur Willensfreiheit, etwa wenn Sartre einen ersten Grundsatz des Existenzialismus formuliert: »Der Mensch ist nichts anderes als das, wozu er sich macht.«[4] Und es findet sich immer wieder die Formel, dass im atheistischen Existenzialismus die Existenz des Menschen seiner Essenz – seinem Wesen also – vorausgehe.[5] Sartre hat in dieser kleinen Schrift, deren Veröffentlichung er schon bald wegen ihres plakativen Charakters bedauert hat, dem existenziellen Individualismus ein viel zitiertes Programm verliehen. Wir erfahren, dass der Mensch durch Freiheit, Angst und Verantwortlichkeit gekennzeichnet ist. In diesem Text finden sich all die Parolen, die einen Beitrag zur existenzialistischen Mode geleistet haben. Ein angemessenes Sartre-Verständnis kann nur durch diesen verschriftlichten Vortragstext allerdings nicht erwartet werden: Der Vortrag ist in starker Weise durch die historische Situation im gerade befreiten Frankreich geprägt, das die Frage nach Kollaboration oder Widerstand als persönlich existenzielle Frage der Verantwortlichkeit erlebt hat. Insofern konnte bei den zeitgenössischen Zuhörern eine unmittelbare Evidenz vorausgesetzt werden, wenn von Angst oder der Dramatik einer Entscheidung die Rede war. In ähnlicher Weise war ihnen die radikale Verantwortung, die sich an keine Instanz delegieren lässt, vermutlich nur allzu bewusst: »Wir sind allein, ohne Entschuldigungen. Das möchte ich mit den Worten ausdrücken: der Mensch ist dazu verurteilt, frei zu sein.«[6] Zugleich behauptet Sartre, dass es für Menschen keinen Determinismus gibt. Rhetorisch sind solche Passagen eindeutige Programme einer Freiheitsphilosophie, aber der sachliche Gehalt bleibt jenseits ihres aufrüttelnden Charakters unklar. Die Verurteilung zur Freiheit könnte auch als Determination zur Freiheit und damit als eine These der Vereinbarkeit von Freiheit und Determinismus verstanden werden.

Ausdrücklich bekennt sich Sartre zur Subjektivität des Individuums als dem entscheidenden Bezugspunkt, der seine Position als existenziellen Individualismus charakterisiert.[7] Immer wieder kommt er (in der Tradition Nietzsches) auf den atheistischen Charakter seiner Auffassung zu sprechen, so im letzten Absatz des Textes:»Der Existentialismus ist nichts anderes als das Bemühen, alle Konsequenzen aus einer kohärenten atheistischen Position zu ziehen.«[8]

Wie Sartre später selbst einräumt, stellt es ein Problem dar, die eigene Position als »-ismus« einzuführen:»Ich spreche nicht gerne über den Existentialismus, denn es gehört ja gerade zum Wesen eines philosophischen Bemühens, daß es sich einer genauen Bestimmung entzieht. Es benennen oder definieren wollen hieße, es zum Stagnieren bringen. Was bliebe dann von ihm übrig? Eine vergangene und schon überholte philosophische Mode, so etwas wie eine Seifenmarke, mit anderen Worten: eine Idee.«[9]

Neben dem plakativen Charakter ist es die mangelnde gedankliche Entfaltung, die den Text *Der Existentialismus ist ein Humanismus* zu einem philosophisch fragwürdigen Teil der Schriften Sartres macht. Das Anliegen seines Vortrags war vor allem eine Verteidigung gegen Angriffe aus dem marxistisch und aus dem katholisch geprägten Denken. Mit dieser doppelten Gegnerschaft hat auch die starke Pointierung seiner Sätze zu tun. Gegen die Überlegungen eines historischen Materialismus mit seinem ökonomischen Determinismus wird die Freiheitsthese und gegen den Katholizismus der atheistische Charakter seines Existenzialismus stark gemacht.

Weil Sartre die Freiheit immer wieder über die Abwesenheit Gottes einführt, ist es nicht ohne Ironie, dass der existenzielle Individualismus geistesgeschichtlich entscheidende Impulse durch den Protestantismus erhalten hat: Diesem zufolge führt nicht die Heilsverwaltung durch eine Institution den Einzelnen in das Himmelreich, sondern nur der allmächtige Gott selbst, der sich aber durch den individuellen Glauben als zugänglich erweisen kann. Der wichtigste Autor des Protestantismus, der diese existenzielle Dimension in aller Schärfe formuliert hat, ist Sören Kierkegaard (1813–1855). Er stellt den Einzelnen in den Mittelpunkt. Anders als bei Descartes und vor allem anders als bei dem von Kierkegaard polemisch abgelehnten Hegel verflüchtigt sich der Einzelne nicht zu einer begrifflichen Kategorie, sondern wird als ein wirklich biografisches Individuum behandelt.[10] Seligkeit ist für Kierkegaard nicht im Kollektiv zu haben, sie bedarf vielmehr der Entscheidung zum Glauben. Daraus abgeleitet lässt sich die Besonderheit des existenziellen Individualismus so fassen, dass bei existenziellen Sinnfragen nur die je eigene Antwort Bestand haben kann. Existenzielle Sinnfragen können somit nicht stellvertretend für andere oder objektiv gelöst werden, sie bedürfen der je eigenen Anstrengung des Einzelnen. Selbst ein religiös geprägter existenzieller Individualismus wie der von Kierkegaard gelangt daher an den Punkt, dass der Weg zum Heil und insofern zu Gott nur über das Individuum gedacht werden kann. Diese im religiösen Kontext erarbeitete Einsicht verschärft sich bei Sartre als dem Vertreter eines atheistisch argumentierenden existenziellen Individualismus. Die Grundfigur eines freien Einzelnen ist aber gleich.

Auch Martin Heidegger vertritt in *Sein und Zeit* und vor seiner Kehre durchaus einige Thesen eines existenziellen Individualismus, so zum Beispiel in seiner Analyse der Endlichkeit des Daseins. Er betont ausdrücklich, dass Antworten auf Existenzfragen »nicht in einem isolierten und blinden Satz liegen« und mithin nicht bloß kognitiv wie ein angeeignetes Wissen über Gegenstände der objektiven Welt weitergereicht werden können.[11] Deshalb kritisiert Heidegger die Uneigentlichkeit eines öffentlichen Plapperns und die Verstellung der Endlichkeit des Daseins durch das »Man«. Den Weg zur Eigentlichkeit – durch die Zerstreutheit in das Man hindurch – bestimmt er allerdings nur formal. Zunächst besteht er darauf, dass das menschliche Dasein sich in der Struktur der Jemeinigkeit immer auf sich selbst bezieht: »Dasein ist daher nie ontologisch zu fassen als

Fall und Exemplar einer Gattung von Seiendem als Vorhandenem.«[12] Dasein und Existenz des Menschen sind dementsprechend auch nicht einfach direkt durch tatsächliche Umstände als determiniert und geprägt zu denken, sondern als durch die Struktur der Jemeinigkeit gebrochen. Da es keine bloß faktische Existenz des Menschen gibt, öffnet sich der Horizont für verschiedene Möglichkeiten. Heidegger spricht in diesem Zusammenhang von einem Entwurf des Menschen: »Das Dasein entwirft als Verstehen sein Sein auf Möglichkeiten.«[13] Angst erinnert für Heidegger den Menschen an seine Endlichkeit, an sein Sein zum Tode, wie Heidegger dies im Hinblick auf die Zeitlichkeit ausdrückt. Mit solchen Gedanken ist er ganz nahe bei Sartres existenziellem Individualismus.

Anders als in seiner Programmschrift *Der Existentialismus ist ein Humanismus*, die den Freiheitsgedanken rhetorisch überzieht, lässt sich im Überblick über die weiteren Werke Sartres die Einsicht gewinnen, dass dieser in Auseinandersetzung mit Heidegger und später mit Marx ausdrücklich eine Selbstüberschätzung des Individuums zurückweist und die gegenseitige Anerkennung als zentral erachtet.

In seinem Werk *Das Sein und das Nichts* geht Sartre der Frage nach, wie sich angesichts des Nichts die Existenz bewältigen lässt und wie Freiheit möglich ist. Er kritisiert dabei scharf den psychologischen Determinismus, der die Grundlage allen Entschuldigungsverhaltens und eine reflexive Abwehr der Existenzangst darstellt. Der psychologische Determinismus nimmt eine selbstobjektivierende Haltung ein und leitet aus Freiheitseinschränkungen eine durch Determination gegebene Ausweglosigkeit ab. Es ist für Sartre hingegen abwegig, sich die eigene Determination subjektiv-psychologisch als Ausweglosigkeit aneignen zu wollen. Niemand durchschaut existenziell vollständig und angemessen seine eigenen Determinationen. Deshalb ist mit Sartre für den Einzelnen zunächst die eigene Freiheit zu unterstellen. Diese Freiheit entspricht allerdings im Sinne der eingeführten analytischen Unterscheidung nicht der These der klassischen Willensfreiheit, sondern einer These der Vereinbarkeit von Willensfreiheit und Determinismus.

In seinen Frühwerken hat Jean-Paul Sartre die Freiheit des Individuums bei der existenziellen Wahl des eigenen Lebens sehr stark betont und in den Vordergrund gerückt. In den späteren Werken – insbesondere in der *Kritik der dialektischen Vernunft* und im *Idiot der Familie* – widmet er dem Zusammenspiel von Gesellschaft und Individuum größere Aufmerksamkeit, wobei er durchaus an der Freiheit als Zentralbegriff festhält, jedoch nach den Bedingungen der Möglichkeit von Freiheit fragt. So arbeitet er heraus, dass jedes Individuum Elemente des Zeitbedingten aufweist und sich nicht als reines Produkt einer Selbstschaffung stilisieren lässt: Im Subjektiven gibt es immer das prägende Element des Allgemeinen, ohne dass ein Individuum damit zum bloßen Opfer der Verhältnisse wird. Das Moment der individuellen Besonderheit, gar der individuellen Selbstschaffung und vor allem die individuelle Anstrengung sind außerordentlich wichtig. Die Verhältnisse determinieren das Individuum nicht mechanisch, nicht direkt, vielmehr vollzieht sich die Prägung durch Überindividuelles kulturell gerade im Medium bewusster Selbstschaffung. Sartre wendet sich von seiner fast ausschließlich subjektorientierten ersten Phase, zu der *Das Sein und das Nichts* gehört, ab; dies geschieht allerdings nicht im Namen einer Kehre zum Sein wie bei Heidegger, sondern mit Blick auf die Gesellschaft, indem er in der *Kritik der dialektischen Vernunft* den Marxismus auch theoretisch rezipiert. Das große Flaubert-Projekt des späten Sartre lässt sich dann als der Versuch deuten, Freiheit und Gesellschaft als situierte Freiheit im Medium einer konkreten Biografie zusammenzudenken.

6. *Das Sein und das Nichts:* Phänomenologie und Interpretation von Hegel, Husserl und Heidegger

Das Sein und das Nichts stellt Sartres originellen Versuch dar, die drei großen H – Hegel, Husserl, Heidegger – systematisch miteinander zu verbinden. Auch wenn man fragen kann, ob Sartre in seiner Verknüpfung dieser drei zentralen Bezugsautoren der französischen Existenzphilosophie wirklich erfolgreich ist, bleibt diese umfangreiche Schrift sein wichtigstes philosophisches Werk. Charakteristisch für dieses Buch ist die Verbindung hoch abstrakter (nicht selten unverständlicher) Gedankengänge mit literarischen Passagen; es wird trotz mancher Umständlichkeit und Konfusion ein »genialer Karneval des Geistes« inszeniert.[1]

Hans-Georg Gadamer (1900–2002) berichtet in einem Vortrag über seine erste Begegnung mit Sartres Werk: »Ich möchte zeigen, wie schwer es von der deutschen Tradition aus ist, französisches philosophisches Denken zu verstehen, und wie schwer es umgekehrt auch ist – davon redet man aus Bescheidenheit weniger. [...] Ich habe später die Erstausgabe von *L'être et le néant* bekommen. Es war ein Geschenk von Martin Heidegger an mich. Er hatte aus diesem Band vierzig Seiten aufgeschnitten; weiter war er mit der Lektüre nicht gekommen, und das ist gar nicht verwunderlich. Man muß zunächst einmal sagen, daß dieses Buch unglaublich schwer zu lesen ist, in der Übersetzung noch schwerer als im Original, wie das mit Übersetzungen immer ist.«[2]

Sartres Deutung der drei H beruht dabei auf erstaunlich geringen Kenntnissen der Bezugsautoren: Er scheint weder die Vorträge von Husserl *(Cartesianische Meditationen)* noch die Hegel-Vorlesungen von Kojève besucht zu haben. Allerdings war das Denken dieser Autoren im Paris der dreißiger Jahre intellektuell geradezu allgegenwärtig. Auch Sartres Kenntnisse von Heidegger reichen nicht in die Zeit seines Berliner Aufenthalts (1933/34) zurück: »Ich habe Heidegger gelesen, als ich im Gefangenenlager war. Ich habe ihn übrigens über Husserl sehr viel besser verstanden als durch ihn selbst. Im übrigen hatte ich ihn schon 1936 ein wenig gelesen [...]«[3]. Die originäre Kenntnis aller drei Autoren scheint bei Sartre jedenfalls nicht besonders ausgeprägt gewesen zu sein.[4] Diesen Mangel teilt er mit anderen Philosophen wie Nietzsche und Wittgenstein, deren Vertrautheit mit philosophischen Primärtexten sehr gering ist. Für manche originellen Philosophen scheint es geradezu wichtig zu sein, dass sie nicht durch zu große Kenntnis der Gedanken anderer vom Selbstdenken abgehalten werden.

Wir haben es bei diesem Werk mit einer bemerkenswerten Verbindung von Stärken und Schwächen Sartres zu tun. Thomas Macho hört »eine mitreißende und großartige, eine vielstrophige Hymne auf die Freiheit«. Gleichzeitig vernimmt er Missklänge, weil *Das Sein und das Nichts* den technischen Problemen einer ontologischen Harmonielehre nicht aus dem Weg gegangen sei.[5]

Ein argumentatives Hauptproblem dieser Schrift besteht im Mangel an Konsistenz. Immer wieder kommt es vor, dass Sartre Überlegungen von anderen übernimmt, die nicht gleichzeitig behauptet werden können. Über die Logik hat sich Sartre ohnehin schon früh mokiert: »Die 5 oder 6 großen Philosophen, die ich laut Studienplan in diesem Jahr studieren mußte und die sehr gut waren, wimmeln von Widersprüchen. Aber das störte sie überhaupt nicht. [...] und wer hat ihre Widersprüche entdeckt? Schwärme von Schulmeistern, die sich über ihre Werke hergemacht haben. Erinnern Sie sich, daß die Logik das Brot der ohnmächtigen Intellektuellen ist. [...] Um Ideen zu finden, muß man auf Logik verzichten, sie ist etwas Künstliches, vom Wahren Entferntes.«[6]

Was ist das Sein? Was ist das Nichts?

Sartre knüpft unmittelbar an Martin Heidegger an, der die Seinsfrage in den Mittelpunkt seiner Philosophie gestellt hat. Von Heidegger wird erzählt, dass er jeden, der in seinem Seminar Fragen wie »Was ist das Sein?« stellte, hinausgeworfen habe. Begriffe wie »das Sein« und »das Nichts« sind schließlich deutungsgeladene Abstrakta, deren Gehalt sich kaum in einem Definitionssatz unterbringen lässt. In *Sein und Zeit* hat Heidegger 1927 versucht, die Geschichtlichkeit in die Bestimmung des Seins einzuführen; traditionell ist in der Philosophie – angefangen bei Parmenides – das Sein jedoch unbeweglich zu denken. Seinsfrage und Zeitlichkeit zusammenzudenken ermöglicht es, das Dasein – bei Heidegger der Begriff für den Menschen – im Kontext der Seinsfrage zu thematisieren, ohne Mensch und Welt als Subjekt und Objekt gegenüberstellen zu müssen, wie es die neuzeitliche Philosophie überwiegend getan hat.

Sartre lässt sich schon vom Titel *Sein und Zeit* inspirieren und macht daraus *Das Sein und das Nichts*. Da Heidegger dem Dasein des Menschen ein Sein zum Tode attestiert, kann sich indirekt auch das Nichts Sartres als Nichtung durch den Tod auf Heidegger beziehen. Diese Anknüpfung an Heidegger wird vertieft durch den Phänomenbegriff, der ursprünglich von Edmund Husserl stammt und den auch Heidegger weiterverfolgt. Zugleich versucht Sartre aber auch – und hierin liegt ein Konsistenzproblem – das Subjekt-Objekt-Denken in der Auslegung Hegels aufzugreifen. Bei den drei H scheint einer zu viel zu sein: Heidegger und Husserl lassen sich zusammendenken; zugleich noch Hegel hinzuzunehmen führt hingegen zu vermutlich unlösbaren Widersprüchen.

Heidegger hat in Kritik einer neuzeitlichen Subjektphilosophie Husserls »Zurück zu den Sachen!« zu seiner eigenen Parole gemacht. Edmund Husserl hatte schon in den frühen *Logischen Untersuchungen* die Urteilsenthaltung als Weg zu den Sachen selbst propagiert. Auch der spätere Husserl hielt noch in den *Cartesianischen Meditationen* an diesem Programm fest: »Statt in der Weise des bloß sachfernen Meinens ist in der Evidenz die Sache als sie selbst, der Sachverhalt als er selbst gegenwärtig, der Urteilende also seiner selbst inne«.[7] Es ist einerseits überzeugend, dass Meinungen den Blick für die Sachen verstellen können. Andererseits mutet es merkwürdig naiv an, dass die Sachen sich nur durch Verzicht auf ein Urteil von selbst erschließen und so evident werden. In einer Tradition der Philosophie, die gleichermaßen von Kant und Wittgenstein geprägt ist, grenzt dieses Vertrauen auf Evidenz an ein erkenntnistheoretisches Wunder. Martin Heidegger greift in *Sein und Zeit* Grundgedanken von Husserl wieder auf, erweitert den Phänomenbegriff und erklärt: »Ontologie ist nur als Phänomenologie möglich.«[8]

Auf den Spuren von Husserl und Heidegger lässt sich Sartres Titel übersetzen in die Frage: Wie lässt sich angesichts des Nichts die Existenz bewältigen? Existenz und Dasein können begrifflich aneinandergerückt werden; das existierende Dasein ist in die Welt geworfen und muss angesichts des Todes einen Weg im Leben finden. In ihrem sachlichen Kern bedeutet Sartres Frage nach dem Nichts eine anthropologische Erörterung der Freiheit des Menschen. Eine von der analytischen Logik beispielsweise Rudolf Carnaps (1891–1970) inspirierte Kritik, die vor der Verwendung des »Nichts« als Substantiv und des »Nichtens« als Verb warnt, macht es erforderlich, viele Passagen in Sartres Werk in Sätze der Anthropologie zu übersetzen und so eine metaphysische Ausstaffierung der bloßen Negation zu vermeiden.

Die Phänomenologie Husserls versucht sich des Urteils zu enthalten und so den Phänomenen ohne Verstellung durch Theorien ihr Recht zu geben. Sartre praktiziert in seinem Werk *Das Sein und das Nichts* diese Phänomenologie in eigenständiger Weise, indem er als Philosoph mit literarischer Schulung alltägliche Szenen eines Kellners im Lokal oder solche der Scham und Schüchternheit schildert. Der Phänomenologe Sartre und der Literat Sartre gehen also eine Verbindung ein, die gleichermaßen die treffende Beschreibung von Situationen erfordert. Auch theoretisch ist der an Husserl anschließende Einführungsgedanke von Sartres Buch fulminant: »Die Erscheinung verbirgt nicht das Wesen, sie enthüllt es: sie *ist* das Wesen.«[9] In diesem programmatischen Satz wird die antike Unterscheidung von Wesen und Schein ebenso wie Immanuel Kants erkenntnistheoretischer Dualismus von Erscheinung und Ding an sich aufgegeben: Die Suche nach dem wahren Kern der Dinge hinter den Erscheinungen ist überflüssig; denn die Erscheinung ist das Wesen.

Sartre versucht gleich eine Verdeutlichung seines Gedankens an einem Beispiel: »Prousts Genie ist weder das isoliert betrachtete Werk noch das subjektive Vermögen, es hervorzubringen: es ist das als die Gesamtheit der Manifestationen der Person betrachtete Werk.«[10] Es ist kein Zufall, dass dieses Beispiel aus Sartres eigener Berufswelt stammt. Er hat sich immer wieder mit Begabung und Genie beschäftigt und darauf bestanden, dass nur reale Werke, Erscheinungen also, für die Beurteilung von Begabung zählen, keineswegs aber ein verborgenes Wesen. Diese Intuition wird von Sartre in eine allgemeine Form gebracht: »Die Erscheinung wird nicht von irgendeinem von ihr verschiedenen Existierenden getragen: sie hat ihr eigenes *Sein*.«[11] Dabei liebt es Sartre, mit den Begriffen von Wesen und Erscheinung zu spielen: »da wir die Realität auf das Phänomen beschränkt haben, können wir vom Phänomen sagen, dass es ist, wie es *erscheint*«[12].

Von René Descartes stammt das bekannte Diktum »Cogito ergo sum« – »Ich denke, also bin ich«. Descartes hat das Cogito an den Anfang der neuzeitlichen Reflexionsphilosophie gestellt; das Ich wird sich im zweifelnden Denken seiner selbst bewusst. Ausgehend von diesem ersten Bewusstseinsakt erschließt sich die Welt und sogar die Existenz Gottes. Teilweise gegen Descartes führt Sartre den Begriff des präreflexiven Cogito ein. Das präreflexive Cogito, das Ich, geht aller Erkenntnis voraus und lässt sich auch nicht auf das Erkennen reduzieren. Im Übrigen ist Bewusstsein immer Bewusstsein von etwas, so dass Sartre an dieser Stelle Descartes in doppelter Weise verschiebt: »Somit haben wir durch den Verzicht auf den Primat der Erkenntnis *das Sein* des Erkennenden entdeckt und sind auf das Absolute gestoßen [...] das *Subjekt* der konkretesten Erfahrung. Und es ist keineswegs *relativ* zu dieser Erfahrung, denn es *ist* diese Erfahrung.«[13] Bemerkenswert ist, dass das Absolute nicht als Gott, auch nicht als die Natur, aber auch nicht als das bewusste Cogito gedacht wird, sondern eben als das Subjekt der konkretesten Erfahrung. An die Stelle von Descartes' ontologischem Gottesbeweis tritt der ontologische Beweis der Außenwelt: »Das Bewußtsein ist Bewußtsein *von* etwas: das bedeutet, daß die Transzendenz konstitutive Struktur des Bewußtseins ist; das heißt, das Bewußtsein entsteht als auf ein Sein *gerichtet*, das nicht es selbst ist. Das nennen wir den ontologischen Beweis.«[14] Sartre versucht in diesen Passagen, das cartesianische Bewusstsein und Husserls Gedanken der Intentionalität zusammenzubringen: »das Bewußtsein ist ein Sein, dem es in seinem Sein um sein Sein geht, insofern dieses Sein ein Anderessein als es selbst impliziert«[15].

Neben dem Phänomen führt Sartre eine neue Komponente des Realen ein: das Nicht-sein. Das Nicht-sein kommt nicht durch das Negationsurteil zu den Dingen: »Die notwendige Bedingung dafür, daß es möglich ist, *nein* zu sagen, ist, daß das Nicht-sein eine ständige Anwesenheit ist, in uns und außer uns, daß das Nichts das Sein *heimsucht*.«[16] Sartre legt Wert auf die Einsicht, dass seine beiden Titelbegriffe »Sein« und »Nichts« nicht auf derselben Bedeutungsstufe gedacht werden; denn das Sein bedarf in keiner Weise des Nichts: »Nichtsein gibt es nur an der Oberfläche des Seins.«[17] Mit großer gedanklicher Geschwindigkeit kommt nach dem Sein, dem Phänomen und dem Nichts jetzt die entscheidende anthropologische Umbiegung der Frage nach dem Nichts bei Sartre: »So haben wir also das erste Ziel dieser Untersuchung erreicht: der Mensch ist das Sein, durch das das Nichts zur Welt kommt.«[18] Während bei Heidegger die Frage nach dem Nichts gerade als Kritik der neuzeitlichen Subjektorientierung gemeint ist, wird bei Sartre die Frage nach dem Nichts zur Neuinterpretation der neuzeitlichen Subjektorientierung und ihrer einseitigen Bewusstseinsorientierung genutzt. In der Möglichkeit des Menschen, ein Nichts abzusondern, sieht Sartre die Freiheit des Menschen begründet: »Der Mensch ist keineswegs *zunächst*, um *dann* frei zu sein, sondern es gibt keinen Unterschied zwischen dem Sein des Menschen und seinem ›*Freisein*‹«.[19]

So originell ist die menschliche Freiheit wohl noch nie begründet worden: Die Freiheit stammt aus dem Nichts, aus der Fähigkeit zur Nichtung und Negation: »Die Freiheit ist das menschliche Sein, das seine Vergangenheit aus dem Spiel bringt, indem es sein eigenes Nichts absondert.«[20] Verstehbar ist dies nur unter gleichzeitiger Einbeziehung des menschlichen Bewusstseins, das sich »ständig lebt« als »Nichtung seines vergangenen Seins«[21]. Durch die Fähigkeit zum Bewusstsein kann der Mensch die Wirkung seiner eigenen Ver-

gangenheit sozusagen einklammern und dadurch Freiheit ge-
winnen: »In der Freiheit *ist* das menschliche Sein seine eigene
Vergangenheit (wie auch seine eigene Zukunft) in Form von
Nichtung.«[22]

Als wenn noch nicht genug Abstrakta im Spiel wären, verknüpft Sartre jetzt auch noch Kierkegaards und Heideggers
Begriff der Angst mit seiner begrifflichen Melange: »In der
Angst gewinnt der Mensch Bewußtsein von seiner Freiheit,
[…] in der Angst steht die Freiheit für sich selbst in ihrem Sein
in Frage.«[23] Anders ausgedrückt: »Das entscheidende Verhalten wird aus einem Ich hervorgehen, das ich noch nicht bin. So
hängt das Ich, das ich bin, an ihm selbst von dem Ich ab, das
ich noch nicht bin, und zwar genau in dem Maß, wie das Ich,
das ich noch nicht bin, nicht von dem Ich abhängt, das ich
bin.«[24] So viel Freiheit belastet das Ich allerdings auch; denn
»in der Angst ängstigt sich die Freiheit vor sich selbst«[25]. Ich
kann bei keinem Wert »Zuflucht finden vor der Tatsache, daß
ich es bin, der die Werte am Sein erhält«, so dass ich allein darüber entscheide, »allein, unlegitimierbar und ohne Entschuldigung«. Damit ist für Sartre klar: »Die Angst ist also das reflexive Erfassen der Freiheit durch sie selbst.«[26]

Aus diesem Gedankengang folgt eine eindrückliche Kritik des
psychologischen Determinismus, der die Grundlage allen Entschuldigungsverhaltens und eine reflexive Abwehr der Angst
darstellt. Der psychologische Determinismus folgt einem un-
aufhörlichen Spiel der Entschuldigungen, indem Ereignisse
der eigenen Vergangenheit als Freiheitsabwehr in die Selbstdeutung übernommen werden. Weil ich so eine scheußliche
Kindheit hatte, bleibt mir nichts anderes übrig, als dem Impuls
nachzugeben, in die Bank auf der anderen Straßenseite einzu-
brechen. Meine Eltern sind schuld, dass sie einen Bankräuber
aus mir gemacht haben. Da für Sartre aber der Mensch Freiheit
ist, ändern auch falsche Erziehungsmethoden der eigenen
Eltern nichts an dieser Bestimmung.

Authentizität und Unaufrichtigkeit

In der deutschen Ausgabe von *L'être et le néant* wird *mauvaise foi* mit »Unaufrichtigkeit« übersetzt. Dieser Terminus erinnert sehr stark an die Lüge, von der Sartre sein Thema aber gerade abgrenzt. Von ihm gemeint ist eine Unaufrichtigkeit, die die Freiheit des Daseins verleugnet und die eigene Person als Ding betrachtet: »Doch die für die Unaufrichtigkeit notwendige Zweideutigkeit kommt daher, daß man hier behauptet, ich *sei* meine Transzendenz nach dem Seinsmodus des Dinges.«[27] Wie häufig in seinem Werk *Das Sein und das Nichts* erläutert Sartre seine abstrakten Überlegungen mit einer literarischen Szene: »Da ist zum Beispiel eine Frau, die zu einer ersten Verabredung gegangen ist. Sie kennt die Absichten, die der Mann, der mit ihr spricht, ihr gegenüber hegt, ganz genau. Sie weiß auch, daß sie früher oder später eine Entscheidung treffen muß.«[28] Eine Unaufrichtigkeit besteht zum Beispiel dann, wenn die Frau nicht sieht oder verdrängt, dass sie selbst die Entscheidung trifft, wie es mit dem Rendezvous weitergeht (so wie auch ihr Partner eine entsprechende Entscheidung zu treffen hat). Zu sagen, ich als Kind meiner Eltern kann nur zu einer unglücklichen Liebe kommen, ist selbstverdinglichende Unaufrichtigkeit. »Aber jetzt ergreift man ihre Hand. Diese Handlung ihres Gesprächspartners droht die Situation zu verändern, indem sie eine unmittelbare Entscheidung herbeiruft: diese Hand preisgeben heißt von sich aus dem Flirt zustimmen, sich engagieren. Sie zurückziehen heißt diese unklare und unstabile Harmonie zerstören, die den Reiz der Stunde ausmacht.«[29] In Sartres weiterer Erzählung kommt es aber nicht zu einem Ja oder Nein, sondern zur Unaufrichtigkeit, denn »die junge Frau gibt ihre Hand preis, aber *sie merkt nicht*, daß sie sie preisgibt. […] die Hand ruht […] zwischen den warmen Händen ihres Partners: weder zustimmend noch widerstrebend – ein Ding. […] Kurz, während sie die Gegenwart ihres eigenen Körpers zutiefst spürt – vielleicht bis zur Erregung –, realisiert sie sich als jemand, der sein eigener Körper *nicht ist*.«[30]

In einer anderen Terminologie könnte man Sartres *mauvaise foi* begrifflich als mangelnde Authentizität fassen; die Frau ist in der Situation nicht mit sich authentisch und verhält sich im Widerspruch zu ihrem eigenen Inneren. Sartre legt Wert auf Selbstdeutungen, die verschiedene Handlungsmöglichkeiten zulassen und das Handeln nicht als entfremdetes einer Determination von außen zuschreiben; denn »es geht darum, die menschliche-Realität als ein Sein zu konstituieren, das das ist, was es nicht ist, und das nicht das ist, was es ist«[31]. Menschen verleugnen ihre Freiheit und ihre Möglichkeiten, wenn sie sich mit eindeutigen Charakterisierungen festlegen und so einer verantwortlichen Entscheidung ausweichen. Sartre nennt dies Unaufrichtigkeit, weil sich Menschen so in ihrer Selbstdeutung wie festgelegte Dinge begreifen. Nicht frei von Verachtung wendet er sich gegen Menschen, die Eindeutigkeiten suggerieren, wo es viele Möglichkeiten des Handelns gibt. Der Mensch ist in einer Situation aber keineswegs mit sich identisch, sondern es könnte vielerlei geschehen: So »darf das Identitätsprinzip kein konstitutives Prinzip der menschlichen-Realität darstellen, darf die menschliche-Realität nicht notwendig das sein, was sie ist, muß sie das sein können, was sie nicht ist«[32].

Zunächst verwirrend wirkt es, wenn Sartre auch noch die Ehrlichkeit zur Unehrlichkeit erklärt: »So weicht die Wesensstruktur der Ehrlichkeit nicht von der der Unaufrichtigkeit ab, weil sich ja der ehrliche Mensch konstituiert als das, was er ist, *um es nicht zu sein*.«[33] Diese Aussage ist aber nicht so merkwürdig, wenn man sie vom Kontext her erschließt: Gerade wenn der Mensch durch Freiheit charakterisiert ist, muss ein Verständnis von Ehrlichkeit, nach dem eine Person sich als ganz ehrlich handelnd erlebt, ebenfalls als Ausweichen vor der Freiheit gesehen werden. Es gibt im Inneren des Menschen keine wahre Substanz, der man sich nur in Ehrlichkeit nähern müsste. Wenn beim Menschen die Existenz der Essenz vorausgeht – um es in diesem Jargon auszudrücken –, erfordert die existenzielle Freiheit das Eingeständnis, dass Ehrlichkeit keinen Maßstab liefert: »Ständig das inventarisieren, was man ist, heißt sich ständig verleugnen.«[34] Da der Mensch in seiner Freiheit verschiedene Möglichkeiten hat, reicht eine ehrliche Inventur nicht. Die »Untugend« der Ehrlichkeit besteht in der Leugnung von Möglichkeiten, die die Unehrlichkeit gerade erkennt (während die Unaufrichtigkeit die Wirklichkeit leugnet): »der primäre Unaufrichtigkeitsakt ist darauf aus, das zu fliehen, was man nicht fliehen kann, das zu fliehen, was man ist«[35].

Das Für-sich-sein

Sartre formuliert sein Zwischenergebnis: »Die Negation hat uns auf die Freiheit verwiesen, diese auf die Unaufrichtigkeit und die Unaufrichtigkeit auf das Sein des Bewußtseins als Bedingung ihrer Möglichkeit.«[36] Jetzt greift er auf Hegels Unterscheidung von An-sich und Für-sich zurück: »Das Für-sich als genichtetes An-sich begründet nicht nur sich selbst, sondern mit ihm erscheint der Grund zum erstenmal. Doch dieses An-sich, versunken und genichtet in dem absoluten Ereignis, das das Erscheinen des Grundes oder das Auftauchen des Für-sich ist, bleibt innerhalb des Für-sich als dessen ursprüngliche Kontingenz. Das Bewußtsein ist sein eigener Grund, aber es bleibt kontingent, daß es ein Bewußtsein *gibt* statt schlicht und einfach An-sich bis ins Unendliche.«[37] Ist nach dieser Hegelei alles klar? Hegel und Sartre wollen mit ihren Begriffen von An-sich und Für-sich jedenfalls das menschliche Bewusstsein von den bloßen Dingen abgrenzen. Das Bewusstsein steht immer auf der Seite des Für-sich und distanziert sich von dem bloßen Faktum des An-sich: »Der Durst verweist auf das Durstbewußtsein, das er *ist*, als auf seinen Grund – und umgekehrt.«[38] Während Hegel ein starkes Interesse daran hat, An-sich und Für-sich als Stadien einer Aufhebung im An-und-Für-sich zu deuten, betont Sartre nachdrücklich das Für-sich, das sich nicht ohne Weiteres aufheben lässt. Sartre denkt im Für-sich die Radikalität der menschlichen Freiheit, die keine Gewähr einer Aufhebung in einem guten Ende kennt. Für die Erkenntnis bedeutet das: »Die Erkenntnis ist nichts anderes als die Anwesenheit des Seins beim Für-sich, und das Für-sich ist nur das nichts, das diese Anwesenheit realisiert.«[39]

Der Andere

Ein Grundproblem der neuzeitlichen Philosophie, die beim Bewusstsein des Individuums ansetzt, ist der Solipsismus, das heißt die Gefahr eines Weltverlustes und einer monadischen Einsamkeit. Wenn eine Philosophie wie die von Descartes im »Ich denke, also bin ich« gründet, handelt sie sich das Problem ein, wie das Ich die Realität der Außenwelt und die des Anderen garantieren kann. Descartes selbst benötigt einen Gottesbeweis, um die Gewähr zu bekommen, nicht allein auf der Welt zu sein und keinem bloßen Traum zu erliegen. Auch viele Philosophen nach Descartes wie zum Beispiel George Berkeley (1685–1753) und David Hume (1711–1776) haben sich mit dem Problem des Anderen beschäftigt: Wie gelangt das Subjekt zum Objekt, und wie können wir sicher sein, dass außer uns andere Menschen mit Bewusstsein existieren? In der philosophischen Tradition gibt es viele Versuche, hierauf eine befriedigende Antwort zu geben, doch sehr oft sind Philosophen der Neuzeit nicht über Analogieargumente hinausgekommen, die letztlich nur mit Wahrscheinlichkeiten arbeiten.

Sartre fasst zunächst seine Sicht der Problemlage zusammen: »Die Philosophie des 19. und 20. Jahrhunderts hat offenbar begriffen, daß man dem Solipsismus nicht entgehen konnte, wenn man das Ich-Selbst und den Andern zunächst unter dem Gesichtspunkt zweier getrennter Substanzen betrachtete: jede Vereinigung dieser Substanzen muß ja für unmöglich gehalten werden.« Diese Einsicht führt für Sartre aber noch zu keinem Durchbruch, weil weiterhin unterstellt wird, »meine fundamentale Verbindung zum Andern werde durch die *Erkenntnis* realisiert«[40]. Im 20. Jahrhundert hat sich vor allem Martin Heidegger (und auf eine ganz andere, bei Sartre nicht berücksichtigte Art und Weise auch Ludwig Wittgenstein) mit einer Überwindung der Subjekt-Objekt-Spaltung beschäftigt, die hinter dem Problem des Anderen steht. Für Heidegger ist das Sein grundlegender als Subjekt und Objekt; die Erkenntnisfrage ist von der Seinsfrage nur abgeleitet. Sartre kommentiert: »Was hat uns diese lange Kritik gebracht? Einfach das: mein Bezug zu Anderen ist zunächst und fundamental eine Beziehung von Sein zu Sein, nicht von Erkenntnis zu Erkenntnis, wenn der Solipsismus zu widerlegen sein soll.«[41]

Sobald die Erkenntnis anders als bei Descartes und in der ganzen neuzeitlichen Tradition der Erkenntnistheorie nicht der konstitutive Anfang der Philosophie ist, verliert die skeptische Frage, ob es die Außenwelt und den Anderen überhaupt gibt, an Gewicht. Wir finden uns dann immer schon in unserem Dasein in einer Welt mit Anderen vor: »Die Existenz des Andern hat nämlich – und das wird der neue Gewinn sein, den wir aus der kritischen Prüfung der Heideggerschen Lehre ziehen – die Natur eines kontingenten und unreduzierbaren Faktums. Man *begegnet* dem Andern, man konstituiert ihn nicht.«[42] Sartre folgt mit diesen Überlegungen Heideggers Durchbruch bei der Lösung dieses Problems: »Das Faktum des Andern ist unbestreitbar und trifft mich mitten ins Herz.«[43]

Es drängt sich allerdings die Frage auf, ob Sartre den gerade erreichten Durchbruch nicht gleich wieder verspielt, weil er echte Begegnungen mit dem Anderen gar nicht kennt. Bei Sartre kommt der Andere nämlich durch einen wechselseitigen Objektivierungsprozess zur Geltung, insofern der Andere durch den vorsprachlichen Blick erschlossen wird: »Kurz, das, worauf sich mein Erfassen des Andern in der Welt als *wahrscheinlich ein Mensch seiend* bezieht, ist meine permanente Möglichkeit, *von-ihm-gesehen-zu-werden*, das heißt die permanente Möglichkeit für ein Subjekt, das mich sieht, sich an die Stelle des von mir gesehenen Objekts zu setzen.«[44] Sachlich redet Sartre wieder von Wahrscheinlichkeit, der Solipsismus ist somit nicht gebannt. Auch hier ringt er mit der Vereinbarkeit der drei H: Heideggers Grundidee wird mit Hegel überblendet, so dass es Sartre nicht bei der Begegnung mit dem Anderen bewenden lassen kann und wieder Subjekt-Objekt-Überlegungen einbezieht.[45] Darüber hinaus kehrt die eigentlich überwundene Erkenntnisorientierung zurück: »Ich bin, jenseits aller Erkenntnis, die ich haben kann, dieses Ich, das ein anderer erkennt.«[46]

Trotz der begrifflich inkonsequenten Analyse wird die prinzipielle Bedeutung, die Sartre dem Anderen einräumt, mehr als deutlich. Feinsinnig arbeitet er heraus, wie der Andere in das Leben des Ich einbricht: »Zunächst einmal ist der *Blick des Andern* als notwendige Bedingung meiner Objektivität Zerstörung jeder Objektivität für mich. [...] Ich werde in einer erblickten Welt erblickt.«[47] Das Ich wird zum Ich durch den Anderen; dies gilt für den Anderen umgekehrt ebenso.[48] Die wechselseitige Wahrnehmung erschließt auch den Anderen als Wesen der Freiheit: »So läßt mich im Blick der Tod meiner Möglichkeiten die Freiheit des Anderen erfahren; er wird nur innerhalb dieser Freiheit realisiert, und ich bin Ich, für mich selbst unerreichbar und dennoch ich selbst, in die Freiheit des Andern geworfen und in ihr verlassen.«[49]

Nach dieser grundsätzlichen Überlegung zum Anderen analysiert Sartre konkrete Beziehungen zum Anderen, wobei er zuvor den menschlichen Körper und die Leiblichkeit einbezogen hat, um nicht bloß eine Beziehung zum Bewusstsein des Anderen zu entfalten. Sartre deutet die Beziehung zum Anderen vom Konflikt her, der für ihn »der ursprüngliche Sinn des Für-Andere-seins« ist.[50] Über den Konflikt in die Analyse eingestiegen, kann Sartre das Verhältnis zum Anderen nur in der Alternative »Masochismus« und »Sadismus« denken.

In deutlichem Kontrast zum romantischen Liebesideal analysiert er in diesem Zusammenhang auch das Gefangensein in den wechselseitigen Spiegeln. Die zentrale Stellung des Konflikts in der Beziehung der Liebenden ist zugleich eine Konsequenz der wechselseitigen Objektivierung durch den Blick: »Auf den Andern, der mich anblickt, richte ich meinerseits meinen Blick. Aber ein Blick läßt sich nicht anblicken: sobald ich zum Blick hinblicke, verschwindet er, ich sehe nur noch Augen.«[51] An dieser Stelle haben wir die philosophische Rechtfertigung für Sartres Einschätzung »Die Hölle, das sind die anderen«. Die Objektivierung durch den Anderen wird als Fluch erlebt, der zu einer »geschlossenen Gesellschaft« führt. Sartre bleibt Individualist, der den Anderen zwar als unvermeidbar einschätzt, aber ihn doch nicht wirklich lieben lernt. Für Sartre gibt es kein ursprüngliches »Wir«, sondern nur ein »Objekt-Wir« und ein »Subjekt-Wir«: »So gibt es zwei radikal verschiedene Formen der Erfahrung des *Wir*, und diese beiden Formen entsprechen genau dem Erblickend-sein und dem Erblickt-sein, die die grundlegenden Beziehungen des Für-sich zum Andern konstituieren.«[52] Wenngleich die Realität des Anderen unumstößlich ist, wird er nach wie vor vom Ich her gedacht: »Es ist also deutlich, daß die Erfahrung des Wir, obwohl real, die Ergebnisse unserer vorangegangenen Untersuchungen nicht modifizieren kann [...]. Das Wesen der Beziehungen zwischen Bewußtseinen ist nicht das Mitsein, sondern der Konflikt.«[53]

Sartres Philosophie des Anderen bleibt eine Philosophie des freien Individuums, wie Lévy hervorhebt: »›Für‹ den Anderen sein, ›durch‹ den Anderen sein – hinter diesen berühmten, von ganzen Professorengenerationen endlos heruntergeleierten Formulierungen versteckt sich, wie man weiß, die Vorstellung von einem Sein *ohne* Andere. Die Menschen mögen noch so sehr von einem Verschmelzen träumen, erklärt Sartre sinngemäß; sie mögen, wie die Liebenden in Platons *Gastmahl*, versuchen, sich eins zu fühlen und im Einen zu erlöschen. Ihre Anstrengungen werden vergeblich sein. Ihre Einsamkeit ist unüberwindlich.«[54] Auch Liebe und Erotik sind für Sartre nur Ausdruck eines endlosen Konflikts und insofern eine Variante des Lebens ohne den Anderen. Selbst die Freiheit des Individuums wird durch den Anderen in dem Sinne eingeschränkt, dass ein Individuum nicht alles aus sich machen kann.

Freiheit und Faktizität

Anders als man bei Sartre als dem Philosophen der Freiheit vielleicht erwarten würde, wird in dem Werk *Das Sein und das Nichts* der Gedanke der Faktizität entfaltet. Für Sartre sollte man »gegen den gesunden Menschenverstand präzisieren, daß die Formel ›frei sein‹ nicht bedeutet ›erreichen, was man gewollt hat‹, sondern ›sich dazu bestimmen, durch sich selbst zu wollen‹ [...]. Anders gesagt, der Erfolg ist für die Freiheit in keiner Weise wichtig [...]. Der technische und philosophische Freiheitsbegriff, den wir hier allein meinten, bedeutet nur: Autonomie der Wahl.«[55] Die Freiheit der Wahl, die für Sartre in der Tradition der Willensfreiheit steht, leugnet nicht die Faktizität als die Begrenzungen durch die konkreten Umstände: »der Widrigkeitskoeffizient der Dinge kann kein Argument gegen unsere Freiheit sein, denn durch uns, das heißt durch die vorherige Setzung eines Zwecks, taucht dieser Widrigkeitskoeffizient auf«[56]. Dies ist eine klärende und verwirrende Aussage zugleich: Zum einen grenzt Sartre lediglich die von ihm gemeinte Form der Freiheit von der Handlungsfreiheit ab. Zur Willensfreiheit gehört in der Tat nicht, dass das Gewollte auch mit Erfolg umgesetzt werden kann. Zum anderen aber verschwindet der Zweifel nicht, ob die von Sartre formulierte These der Freiheit nicht selbst nur eine raffinierte Variante der ins Innere verlagerten Handlungsfreiheit ist; denn die sprachlich gelungene Formulierung vom Widrigkeitskoeffizienten verweist sachlich auf die Handlungsfreiheit. Jedenfalls besteht hier Klärungsbedarf, der nicht einfach durch die Formulierung »Autonomie der Wahl« gelöst ist.

Sartres Sentenz »wir sind zur Freiheit verurteilt«[57] hat vor diesem Hintergrund als eine situierte Freiheit zu gelten, die mit der Faktizität in konkreten Situationen rechnet.[58] Mit dem Begriff der Situation verwendet Sartre eine Charakterisierung, die auf all die Gegebenheiten reflektiert, die ein noch freier Handelnder vorfindet. Die volle Verantwortung und das Sein ohne Entschuldigung sind deshalb bei Sartre immer eine situierte Verantwortung ohne Entschuldigung, die den psychologischen Determinismus abweist und doch mit der Faktizität rechnet: »Die wesentliche Konsequenz unserer vorangehenden Ausführungen ist, daß der Mensch, dazu verurteilt, frei zu sein, das Gewicht der gesamten Welt auf seinen Schultern trägt: er ist für die Welt und für sich selbst als Seinsweise verantwortlich.«[59] Der Mensch ist für Sartre das, wozu er sich macht; aber nicht jeder Mensch kann faktisch alles aus sich machen. Freiheit und Faktizität zusammenzudenken bleibt deshalb eine wichtige Aufgabe für jede Existenzbestimmung des Einzelnen: »Gleichzeitig erscheint die Freiheit als eine unanalysierbare Totalität; Motive, Antriebe und Zwecke wie auch die Art, Motive, Antriebe und Zwecke zu erfassen, sind im Rahmen dieser Freiheit vereinigend organisiert und müssen von ihr aus verstanden werden.«[60]

Existenzielle Psychoanalyse und Ausblick auf die Moralphilosophie

In den letzten Passagen des Buches widmet sich Sartre der Psychoanalyse und der Moralphilosophie. Angesichts seiner Freiheitsorientierung kann er Lesarten der Psychoanalyse, die die menschlichen Triebe als Determinanten aus dem Unbewussten heraus verstehen, nicht übernehmen. In einem strikten Sinne ist es für ihn als Bewusstseinsphilosophen noch nicht einmal akzeptabel, ein systematisch Unbewusstes überhaupt anzunehmen. Um einen psychoanalytisch inspirierten Determinismus zu vermeiden, führt er den Begriff der existenziellen Psychoanalyse ein und erweitert so seine Überlegungen zur Faktizität. Weil »diese Psychoanalyse [...] ihren Freud noch nicht gefunden« hat und damit eine ausgearbeitete Theorie noch nicht vorliegt, verweist Sartre auf »besonders geglückte Biographien« als Textsorte, die eine Ahnung des von ihm Gemeinten vermitteln können. Gleichzeitig hofft er, eines Tages selbst ein entsprechendes Werk vorlegen zu können (zum Beispiel über Flaubert).[61] Die existenzielle Psychoanalyse stellt für Sartre eine Methode dar, »in streng objektiver Form die subjektive Wahl ans Licht zu bringen«[62]. So wird die Psychoanalyse ein Vehikel zur Klärung und Erhellung der eigenen Faktizität, die mit erhöhter Selbsttransparenz einen freien Entwurf ermöglichen soll.

Besondere Aufmerksamkeit findet abschließend das Verhältnis von Freiheit und Verantwortlichkeit, insofern für Sartre Verantwortung die Kehrseite der Freiheit ist. Da er keinerlei vorgegebene Maßstäbe des Guten akzeptiert, ist das vom Individuum in freier Nachdenklichkeit Gewählte selbst das Gute und dementsprechend auch ohne Entschuldigungsmöglichkeit selbst zu verantworten.

Das Sein und das Nichts endet mit der Ankündigung einer (tatsächlich nie geschriebenen) Ethik. »Alle diese Fragen, die uns auf die reine und nicht komplizenhafte Reflexion verweisen, können nur im Bereich der Moral beantwortet werden. Wir werden ihnen unser nächstes Buch widmen.«[63] Während das ontologische Werk *Das Sein und das Nichts* keine direkten moralischen Vorschriften unterbreitet, scheint Sartre in der angekündigten Schrift doch auf inhaltliche Imperative zielen zu wollen. Insofern allerdings die Analyse von Freiheit und Verantwortung selbst bereits eine formale Charakterisierung moralischen Verhaltens enthält, macht es Sinn, dass dieser Text nie geschrieben wurde; denn die explizite Formulierung moralischer Inhalte widerspräche Sartres Freiheitsphilosophie.

Fazit

Das Sein und das Nichts hat ein durchgängiges Thema: die Freiheit. Hier geben Sartres Ausführungen viele Anregungen, werfen aber auch Fragen nach der Vereinbarkeit von Faktizität und Wahlfreiheit auf. Darüber hinaus liegt die Stärke des Buchs in der Einführung zentraler Grundbegriffe wie der Leiblichkeit, der Situation, der Faktizität und des Anderen. Das Ziel, die drei großen H systematisch zu vermitteln und so eine eigene Systemphilosophie überzeugend zu etablieren, hat Sartre wohl nicht erreicht, aber immerhin zeigt er deren jeweilige Begrenztheit auf: Gegen Hegel hält er an der Unaufhebbarkeit des menschlichen Bewusstseins im Namen der Freiheit und damit indirekt an der Zukunftsoffenheit der Geschichte fest. Gegen Husserl (und Descartes) setzt er auf eine fundamentale Erweiterung des Cogito durch Zeitlichkeit und den Anderen, die nicht in der Dimension der Erkenntnis erfasst werden können. Gegen Heidegger betont er die bleibende Bedeutung des Bewusstseins und die konkrete Wichtigkeit von Situation und Leiblichkeit.

Methodisch kann die Kombination von höchster Abstraktion und literarischer Beschreibung nicht wirklich befriedigen; insgesamt dürfte die Stärke dieser rund tausendseitigen Schrift eher auf der Seite der literarischen Phänomenologie als in seiner überlasteten Abstraktion liegen – kein Werk also, das Schule machen sollte, aber immerhin eins, das in seiner mutigen Originalität ungewöhnlich anregend geblieben ist.

7. *Fragen der Methode* und *Kritik der dialektischen Vernunft*: Neubestimmung von Freiheit und Gesellschaft in Auseinandersetzung mit Marx

Im Jahr 1960 erscheinen zwei philosophische Werke Sartres, die das Verhältnis von Freiheit und Gesellschaft im Vergleich zu seinen früheren Auffassungen neu bestimmen. Der relativ kurze und verständliche Text *Fragen der Methode*, eine »Gelegenheitsarbeit«[1], die in Deutschland mehrere Jahrzehnte unter dem Titel *Marxismus und Existentialismus* greifbar war, eignet sich besonders für einen Einstieg in das Themenfeld von Individuum und Gesellschaft und bildet eine Art Vorwort zu dem sehr umfangreichen Werk *Kritik der dialektischen Vernunft*, das auf zwei Bände angelegt ist. Aber wie so häufig bei Sartre, erscheint nur der erste Band, *Theorie der gesellschaftlichen Praxis*; erst nach seinem Tod werden Fragmente aus dem geplanten zweiten Band herausgegeben.

In dieser Phase, die Ende der fünfziger Jahre einsetzt, konzentriert sich Sartre auf seine philosophischen Bücher und das tagesaktuelle Engagement, so dass die literarische Arbeit fast zum Erliegen kommt. Der Nietzscheaner Sartre ist zugleich der Literat; der Sartre, der mit Marx flirtet, geht demgegenüber auf Distanz zu sich als Literaten; er formuliert sogar Schuldgefühle eines »kleinbürgerlichen Intellektuellen« und bezichtigt sich selbst, nicht die richtige Klassenzugehörigkeit zu haben und nicht körperlich zu arbeiten.[2] Inhaltlich fällt die *Kritik der dialektischen Vernunft* in die Zeit nach dem Bruch mit der Kommunistischen Partei Frankreichs, der mit Sartres Verurteilung des Einmarsches sowjetischer Truppen in Ungarn 1956 einherging.[3]

Ist sein politisches Engagement schon seit vielen Jahren in der Nähe des Marxismus zu verorten, geht es ihm jetzt um eine theoretische Rezeption von Marx und dessen Dialektik. In Anlehnung an Immanuel Kants *Kritik der reinen Vernunft*, die in der Vernunft sowohl Subjekt als auch Objekt des Nachdenkens sieht, beschäftigt sich auch Sartre mit der dialektischen Vernunft als Gegenstand seiner Abhandlung wie auch mit ihr als dem ausführenden Organ dieser Kritik. Bei aller Skepsis gegenüber einigen Gedanken dieser Werkphase Sartres, die in ihrer philosophischen Bedeutung für viele Leser hinter der frühen Phase zurücksteht, bleibt doch hervorzuheben, dass die materialistische Analyse und die Analyse der Faktizität auch im konkreten Leben eine wichtige Bereicherung der sartreschen Philosophie darstellt. Sartre als Husserlianer, der in seinem Werk *Das Sein und das Nichts* die gedankliche Integration von Hegel und Heidegger versucht, bleibt ein einseitiger Bewusstseinsphilosoph, der Schwierigkeiten mit den Objekten der Welt hat. Deshalb sind diese Erweiterung und die Einbeziehung der Gesellschaft prinzipiell überzeugend und kommen auch dem späteren Werk *Der Idiot der Familie* zugute.

Die Gefahr dieser Erweiterung liegt jedoch darin, dass durch die neue gesellschaftliche Perspektive die zentrale Bedeutung der Freiheit tendenziell abnimmt. Lévy spricht in diesem Zusammenhang sogar von einem zweiten Sinnzentrum, das die Freiheitsorientierung des frühen Sartre nicht völlig ersetzt, aber doch verdrängen kann, als wenn der freiheitsorientierte Individualismus sein Gegenteil anziehe.[4] Als biografisches Indiz zitiert Lévy ein verblüffendes Geständnis Sartres aus seiner Zeit im Kriegsgefangenenlager: »Ich habe im Stalag eine Form des Zusammenlebens wiedergefunden, die ich seit den Zeiten der Ecole Normale nicht mehr gekannt hatte.« Sartre schätzt offenbar das »Gefühl, Teil einer Masse zu sein« und bezeichnet sich »alles in allem« als »glücklich«.[5] Haben wir es hier mit der Sehnsucht des Freiheitsphilosophen nach dem ganz Anderen zu tun? Auch wenn man sich Lévys biografisch-spekulativer Überlegung nicht anschließt, bleibt der philosophisch merkwürdige Sachverhalt, dass im Werk Sartres nun geradezu freiheitsgefährdende Gedanken eine immer größere Rolle spielen. Seine frühe Philosophie stellt die Freiheit des Subjekts in den Mittelpunkt; jetzt versucht er zwar immer noch an ihr als Zentralbegriff festzuhalten, fragt aber zugleich nach den Bedingungen der Möglichkeit von Freiheit. Im Kontext dieser Frage setzt er sich mit dem Marxismus auseinander; die Stichworte »Existenzialismus« und »Marxismus« stehen jetzt für die Vermittlung der individuellen Freiheit und der gesellschaftlichen Prägung. Diese Vermittlungsüberlegung Sartres bleibt interessant, selbst wenn man sich auf seine Terminologie im Einzelnen nicht einlassen will.

Fragen der Methode

Sartre versucht in *Fragen der Methode* zunächst, die Geschichte der Existenzphilosophie in eine neue Perspektive zu stellen; überraschend erklärt er den Existenzialismus zur Ideologie[6] und kritisiert Karl Jaspers als den Vertreter eines deutschen Existenzialismus: »Philosophisch gesehen hat sich dieses schlaffe und duckmäuserische Denken überlebt, es ist nicht von besonderem Interesse.«[7] Gegen den Existenzialismus als Ideologie, in den sich das Bürgertum »vor seiner Objektivität in eine erlesene Subjektivität flüchtet«[8], setzt er nun den von Marx belehrten Existenzialismus: »Es gibt jedoch einen anderen Existentialismus, der sich am Rand des Marxismus und nicht gegen ihn entwickelt hat.«[9] Sartre spielt den Platzanweiser: Wo die Guten und wo die Schlechten sitzen, bestimmt er. Biografisch erläutert er, dass er und seine Generation vom Marxismus aus der verstaubten bürgerlichen Kultur herausgerissen worden seien.

Um den Text einordnen zu können, ist daran zu erinnern, dass das Buch ursprünglich auf einen im Winter 1957 in Polen veröffentlichten Artikel zurückgeht. Sartre als der inzwischen berühmte Repräsentant der westlichen Philosophie verkleinert sich vermutlich nicht nur aus Höflichkeit gegenüber der Philosophie des europäischen Ostens.

Neben aller Distanzierung vom Existenzialismus enthält der Text aber auch eine weit gehende Kritik am herrschenden orthodoxen Marxismus, dem gegenüber Sartre den Autonomieanspruch des selbst denkenden Menschen verteidigt: »Jahre hindurch glaubte der marxistische Intellektuelle seiner Partei damit zu dienen, dass er der Erfahrung Gewalt antat, störende Einzelheiten einfach vernachlässigte, die Gegebenheiten grob vereinfachte.«[10] Zwar findet Sartre beschönigende Worte, weshalb die Kommunistische Partei und die sie stützenden Personen auf Abwege gerieten, doch seine Kritik bleibt eindeutig und klar; denn man »studiert längst nicht mehr die Tatsachen in der allgemeinen Perspektive des Marxismus, um die Erkenntnis zu bereichern und das Handeln zu erhellen«[11]. Was in der Rezeption von Marx vielversprechend begann, ist längst verkommen; statt »dem wirklichen Menschen auf den Grund« zu gehen, wird er »in einem Schwefelsäurebad« aufgelöst.[12] Aus Ansätzen zu einer Erkenntnis, die der Wirklichkeit gerecht wird und empirisch gehaltvoll ist, sind dogmatische Begriffe ohne Erkenntnisgewinn geworden: »Die offenen Begriffe des Marxismus sind zu geschlossenen geworden; sie sind nicht länger *Schlüssel*, Interpretationsschemata: sie geben sich selbst den Anschein eines bereits totalisierten Wissens.«[13] Aus einer die Erfahrung erschließenden Theorie ist eine die Erfahrung ausschließende Theorie geworden; sie »kommt infolge ihrer starren Weigerung *zu differenzieren* einer Gewaltherrschaft gleich, ihr Ziel ist die totale Assimilation bei geringstem Aufwand«[14]. In solchen Passagen wird Sartre zu einem hellsichtigen Kritiker des dogmatischen Marxismus, der den Parteialltag in sozialistischen Ländern treffend charakterisiert.

Sartre entwickelt aus diesen Einsichten allerdings keine Fundamentalkritik; denn der »Marxismus ist längst noch nicht erschöpft«, sondern bleibt »*die* Philosophie unserer Epoche«[15]. So nähert er sich einem Programm des offenen Marxismus, der die theoretischen Grundannahmen von Marx nutzt, um ergebnisoffen Gesellschaftsanalyse zu betreiben, indem »Leitprinzipien« und »regulative Ideen« als Anregung von Marx übernommen werden, nicht aber »konkrete Wahrheiten«.[16] Ausgehend von der Kritik am Dogmatismus des herrschenden Marxismus, der nur noch begrifflich ableitet, aber nichts mehr entdeckt, versucht Sartre einen Neuansatz, der den konkreten Menschen nicht hinter den Begriffen verschwinden lässt, sondern ihn zu würdigen erlaubt. Anders als der »faule Marxismus« suggeriert, der »wirkliche Menschen zu Symbolen seiner Mythen«[17] macht, geht es darum, das Verständnis vom Menschen zu erweitern: Der von Sartre befürwortete Existenzialismus »beabsichtigt, ohne den marxistischen Thesen untreu zu werden, diejenigen Vermittlungen zu finden, die es erlauben, das einzelne Konkrete, das Leben, den wirklichen, genau datierten Kampf, die Person hervorzubringen, ausgehend von *allgemeinen* Widersprüchen zwischen Produktivkräften und Produktionsverhältnissen«[18]. Mit diesem Programm verlässt Sartre tatsächlich den Boden eines auf das Allgemeine zielenden hegelianischen Marxismus und leitet seine originelle Wendung zur philosophischen Biografie ein. Die konkrete Philosophie des späten Sartre wird, wie im nächsten Kapitel zu zeigen ist, eine Philosophie des Biografischen.

Theoretisch versucht Sartre – ähnlich wie die Philosophen der Frankfurter Schule, Theodor W. Adorno, Max Horkheimer (1895–1973), Herbert Marcuse (1898–1979) und Erich Fromm (1900–1980) – eine Integration der Psychoanalyse in den Marxismus.[19] So soll eine überfällige Einbeziehung der Kindheit ermöglicht werden; denn »die Marxisten von heute kümmern sich nur um die Erwachsenen: wenn man sie liest, könnte man glauben, wir kämen an dem Tag zur Welt, an dem wir unser erstes eigenes Geld verdienen«[20]. Dementsprechend wehrt sich Sartre beispielsweise dagegen, das literarische Werk Flauberts direkt auf die zeitgenössischen Verhältnisse zum Zeitpunkt seiner Entstehung zu reduzieren. Vielmehr betont er mit den

Vertretern der Psychoanalyse die Einsicht, dass jeder Mensch in seiner Kindheit bereits entscheidend geprägt worden ist: »Innerhalb einer dialektischen Totalisierung verweist die Psychoanalyse einerseits auf objektive Strukturen, auf materielle Bedingungen und andererseits auf die Auswirkung unserer unaufhebbaren Kindheit auf unser Erwachsenenleben.«[21] Nicht nur wegen der expliziten Verwendung des Strukturbegriffs berührt Sartre hier einen Punkt, den auch die französischen Strukturalisten um 1960 in den Mittelpunkt ihrer Überlegungen stellen.[22] Anders als in der strukturalistischen Auflösung des Subjektes versucht Sartre jedoch eine Integration der individuellen und überindividuellen Perspektive. Seine von Marx und der freudschen Psychoanalyse bereicherte Sicht bleibt auf das Individuum fokussiert; die Kritik am Marxismus ließe sich in Teilen auch gegen den Strukturalismus richten: »Wir werfen dem zeitgenössischen Marxismus vor, alle konkreten Bestimmungen des menschlichen Lebens dem Zufall zuzuschreiben und von der historischen Totalisierung nichts als das bloße Gerippe abstrakter Allgemeinheit übrigzubehalten«, so dass »er völlig den Sinn dafür verloren hat, was ein Mensch ist«[23].

Als Gegenentwurf zum dogmatischen Marxismus und zugleich als Alternative zum Strukturalismus formuliert Sartre seine progressiv-regressive Methode[24], die im *Idiot der Familie* bei der Untersuchung von Flauberts Biografie zum Leitfaden wird. Einzelne Fakten werden nicht ignoriert, sondern in eine methodische Ordnung gebracht, wobei der besondere Charakter des historischen Ereignisses herausgestellt wird: »Es geht darum, eine geschmeidige und geduldige Dialektik zu finden, die sich den Bewegungen in ihrer Wahrheit anschmiegt und nicht a priori meint, alle Konflikte würden Widersprechendes« ausdrücken.[25] Gegen den Apriorismus, der ohne Beachtung der Empirie immer schon weiß, was ist, legt Sartre Wert darauf, »in jedem Einzelfall die Rolle des Individuums im historischen Ereignis« zu betrachten.[26] Die Allgemeinheit der historischen Einsicht und die Besonderheit einzelner Menschen sollen in der Analyse vermittelt werden: »Ohne diese Prinzipien – keine historische Rationalität. Aber ohne lebende Menschen keine Geschichte. Der Gegenstand des Existentialismus ist – auf Grund des Versagens der Marxisten – der einzelne Mensch im sozialen Feld.«[27]

Bloß abstrakte Geschichtsprinzipien sind Sartre ebenso ein Gräuel wie die theorielose Nacherzählung historischer Einzeltatsachen; er will beides: »Die existentialistische Methode […] hat nur ein Mittel, das ›Hin-und-Her‹: Sie bestimmt (beispielsweise) die Biographie progressiv durch das vertiefende Studium der Epoche und die Epoche durch das vertiefende Studium der Biographie. Weit davon entfernt, auf der Stelle zu versuchen, die eine in die andere zu integrieren, hält sie beide getrennt, bis sich der wechselseitige Einschluss von selbst ergibt und der Untersuchung ein vorläufiges Innehalten erlaubt.«[28] Die Geschichte setzt sich zusammen aus den Geschichten der einzelnen Individuen; zugleich trägt jedes Individuum aber die Spuren der allgemeinen Epoche an sich. Dieses Paradox sollte man nicht auflösen, sondern als Korrelation begreifen. Sartre formuliert so ein anspruchsvolles Programm empirischer Humanwissenschaften, das einen begrifflichen Dogmatismus ebenso vermeidet wie eine bloß empirische Faktenhuberei. Es geht dabei um das Verständnis einzelner Individuen, ohne ihre Prägung durch gesellschaftliche Verhältnisse zu ignorieren. Ausgehend von der Kritik des zeitgenössischen Marxismus, gelingt Sartre somit ein großer methodischer Wurf, den die empirischen Wissenschaften bis heute nicht eingeholt haben. Dies ist vermutlich weniger auf Mängel der sartreschen Methode als auf den ungeheuren Aufwand zurückzuführen, den eine Realisierung erfordern würde. Kein Wunder, dass Sartre selbst fast ein Jahrzehnt an seinem Flaubert-Projekt arbeitete, um seinem eigenen Programm gerecht zu werden.

Was heißt Dialektik?

Insbesondere in der *Kritik der dialektischen Vernunft* bemüht Sartre für das Verständnis der oben erläuterten Korrelation die Tradition der Dialektik. Auch wenn man die Frage aufwerfen kann, ob er das Originelle seiner Idee, die dann im *Idiot der Familie* ausgeführt wird, in dieser Tradition überhaupt zur Geltung bringen kann, muss man zur Kenntnis nehmen, dass er zwischen jenem Wechselspiel und der Dialektik eine Gemeinsamkeit sieht. Während er im *Idiot der Familie* sein humanwissenschaftliches Programm einzulösen versucht, arbeitet er in der *Kritik der dialektischen Vernunft* an einer gedanklichen Vermittlung seiner Überlegungen mit der dialektischen Tradition der Philosophie.

In der Geschichte der Philosophie lassen sich vor Sartre grundsätzlich die folgenden Stadien einer dialektischen Philosophie unterscheiden:

Bei Platon (427–347 v. Chr.) hat die Dialektik die Bedeutung der Wahrheitsfindung im Dialog, entsprechend dem griechischen Terminus »dialegein« für »sich unterhalten«. Typisch für Platon ist, dass er keine Abhandlungen über das Gute, Wahre und Schöne schreibt, sondern meist mit Sokrates als Hauptperson in einem fingierten Gespräch nach Erkenntnis sucht. Die Grundidee Platons lautet, dass es im dialektischen Dialog zu einer Annäherung an das Gute, Wahre und Schöne kommt, so dass die Erkenntnis der Ideen möglich wird.

Kant kennzeichnet demgegenüber in der *Kritik der reinen Vernunft* die Dialektik in impliziter Kritik an der platonischen Metaphysik als den Teil der vermeintlichen Erkenntnis, der nicht mehr von Erfahrung gedeckt wird, sondern zur bloßen Spekulation verkommt. Dialektik ist bei ihm also eine kritische Kennzeichnung, die insbesondere die Themen Gott, Freiheit und Unsterblichkeit betrifft. Kant fordert seine Leser auf, die unergiebige dialektische Spekulation einzustellen und sich in der theoretischen Philosophie nur noch innerhalb der Grenzen der Erkenntnis und das heißt im Bereich der Erfahrung aufzuhalten.

Hegels Philosophie lässt sich als der Versuch deuten, das negative Fazit Kants nicht zu akzeptieren und ein großes dialektisches System zu formulieren. Er knüpft dabei an zwei bei Kant nicht gelöste Probleme an: Das Verhältnis von Ding an sich und Erscheinung bleibt bei Kant unklar, und der menschliche Denkapparat wird unhistorisch, für alle Zeiten und alle Menschen gleichbleibend gedacht. Dies nimmt Hegel zum Anlass, die Akten der Dialektik quasi neu zu öffnen und ein System zu entwerfen, das die von Kant gesetzten Grenzen der Erkenntnis überwindet. Hegel konzipiert die kantische Denkdialektik als Realdialektik neu und behauptet, dass sich die Sachen selbst und nicht nur ihre Erkenntnis in einer dialektischen Bewegung befinden.

Marx versucht, die Philosophie Hegels »vom Kopf auf die Füße zu stellen«, um den Vorrang der materiellen Basis gegenüber dem geistigen Überbau herauszuarbeiten. Die Grundkonzeption der hegelschen Dialektik wird von Marx beibehalten, er verbindet sie jedoch mit dem historischen Materialismus, der die Geschichte als Geschichte der Klassenkämpfe denkt, wobei das positive Ende bereits feststeht.

Im 20. Jahrhundert hat insbesondere die *Dialektik der Aufklärung* von Horkheimer und Adorno das Konzept der Dialektik originell fortgeführt und zu einer Lesart der nichtintendierten Nebenfolgen weiterentwickelt: Die Dialektik der Aufklärung besteht darin, dass die eigentlich Befreiung anstrebende Aufklärung ganz gegen ihre Intention zu neuen Abhängigkeiten und Formen der Selbstunterdrückung geführt hat. Insofern die beiden Autoren zwar von Marx ausgehen, aber zahlreiche seiner Prämissen nicht teilen und Gedanken von Weber und Nietzsche bei ihnen (teilweise unausgewiesen) zur Wirkung kommen, erfährt der Begriff der Dialektik eine Abschleifung: Gegenstand des Buchs ist so die Ambivalenz der Aufklärung, die keineswegs eine bessere Welt geschaffen hat, sondern in der Mitte des Jahrhunderts mit Faschismus und Stalinismus zu einem noch nie da gewesenen Unheil geführt hat. Der rabenschwarze Geschichtspessimismus der beiden Autoren steht allerdings im Dienste einer Kritik, die sich eine Resthoffnung auf eine Wendung zum Positiven gerade durch die fatale Prognose bewahrt.

Sartre – Zeitgenosse Adornos und Horkheimers – knüpft in seiner *Kritik der dialektischen Vernunft* vor allem an Hegel und Marx an, verbindet dies jedoch mit Aspekten, die ihr Herkommen von Husserl und Heidegger nicht leugnen können. Als guter Hegelianer stellt er zunächst die Einheit von Denk- und Seinsdialektik klar, indem er Dialektik als Methode *und* als Bewegung im Gegenstand akzentuiert: »Wir Dialektiker behaupten in einem, daß der Erkenntnisprozeß von dialektischer Ordnung ist, daß die Bewegung des Objekts (was es auch immer sei) *selbst* dialektisch ist und daß diese beiden Dialektiken ein und dieselbe sind.«[29] So weit noch ganz auf den Spuren seiner Bezugsautoren, formuliert Sartre darüber hinausgehend die beiden Fragen: »Wie kann die Praxis in sich selbst gleichzeitig eine Erfahrung der Notwendigkeit und der Freiheit sein? [...] Wie kann sich [...] die Geschichte, dieses Gewimmel individueller Schicksale, als totalisierende Bewegung erweisen?«[30]

Von der dogmatischen zur kritischen Dialektik

Sartre charakterisiert seine Methode als kritisch und dialektisch zugleich: »Unser Versuch ist also insofern *kritisch*, als er die Gültigkeit und die Grenzen der dialektischen Vernunft zu bestimmen sucht, was darauf hinausläuft, die Gegensätze und Verbindungen dieser Vernunft zur analytischen und positivistischen Vernunft anzugeben. Aber unser Versuch ist außerdem dialektisch, denn wenn es um dialektische Probleme geht, ist allein die dialektische Vernunft kompetent.«[31] Der letzte Satz mutet zunächst wie eine Leerformel an. Sartre will damit vermutlich zum Ausdruck bringen, dass Dialektik verhindert, einseitige Kausalitäten und Abhängigkeiten zu behaupten, wie es bei einer Untersuchungsmethode – von ihm gern polemisch positivistisch genannt – der Fall ist, die nur Einseitiges rekonstruieren kann. Eine dialektische Vernunft will ihrem Anspruch nach eine differenzierte Herangehensweise fördern. Die Kritik wiederum wird von Sartre als ein Element stark gemacht, um die Dialektik nicht zu reiner Spekulation verkommen zu lassen. Im Teilmoment des Kritischen gibt es bei Sartre auch eine Anknüpfung an Kant, indem Grenzen der Dialektik gesehen werden, wie Kant Grenzen der Erkenntnis formuliert hat.

Für Sartre ist Hegel der Vertreter einer dogmatischen Dialektik, weil er die Dialektik in seinem System zu einem Stillstand bringt: »Die Totalisierung ist also abgeschlossen, es bleibt nur noch der Schlußstrich zu ziehen.«[32] Sartre schließt sich an dieser Stelle der weit verbreiteten Kritik an Hegel an, die diesem unterstellt, in der eigenen Person – sozusagen in aller Bescheidenheit – die Geschichte der Menschheit an ein gedankliches Ende gebracht zu haben. Marx wird demgegenüber als Denker der Offenheit gelobt: »Die Originalität von Marx besteht darin, einerseits unabweisbar gegen Hegel ins Feld zu führen, daß die Geschichte *in Bewegung ist*, daß *das Sein auf Wissen unreduzierbar bleibt*, und andererseits die dialektische Bewegung *im Sein und im Wissen* beibehalten zu wollen.«[33] Wegen ihrer Offenheit ist die Zukunft für Marx – im Gegensatz zum Marxismus – eine wirkliche Zukunft.

Mit dieser Deutung von Hegel und Marx ordnet Sartre die Elemente des Dogmatischen und des Kritischen den beiden Denkern sehr einseitig zu. Es wäre aber angemessener, bei beiden jeweils Elemente des Dogmatischen und des Offenen zu sehen. So ist es gerade in der marxistischen Tradition immer wieder ein Streitpunkt gewesen, wie viel Offenheit und wie viel Determiniertheit die Zukunft für Marx birgt. Andererseits hat es mit Ernst Bloch (1885–1977) und Charles Taylor (*1931) immer wieder Interpreten gegeben, die Hegel als ergebnisoffenen Denker verstanden haben.[34] Sartre selbst hält seine Zuordnung von Dogmatismus und Offenheit an Hegel und Marx auch gar nicht konsequent durch, denn die folgende Einsicht schreibt er beiden gleichermaßen zu: »Wenn es in der Anthropologie so etwas wie eine Wahrheit geben soll, muß sie *geworden* sein.«[35]

Totalität und Totalisierung

Mit dem Entwurf der kritischen Dialektik ist Sartre noch keineswegs am Ende seiner Abstraktionssteigerungsfähigkeit, die sich im Verlauf der *Kritik der dialektischen Vernunft* zu ungeahnten Höhen aufschwingt. So macht er im Versuch, ein offenes Konzept der Dialektik zu gewährleisten, den prozesshaft verstandenen Begriff der Totalisierung stark und grenzt ihn von der nicht prozesshaften Totalität ab, die er als ein Gebilde bestimmt, »das, radikal verschieden von der Summe seiner Teile, sich in einer oder der anderen Form vollständig in jedem dieser Teile wiederfindet und das zu sich selbst in Beziehung tritt«[36]. Zwar gibt Sartre den Begriff der Totalität nicht vollständig auf, aber er sieht in ihm doch eine Reduktion auf das Produkthafte. In der Totalisierung kommt für ihn demgegenüber stärker der Charakter einer ablaufenden Handlung zur Geltung, so dass er als Dialektik »totalisierende Aktivität« denkt.[37] Sartre deutet die Totalisierung zugleich synchron und diachron, so dass er die Vermittlungsprozesse der Vergangenheit einbeziehen muss; denn »die Dialektik ist keine Beendigung der Geschichte«[38]. Totalisierung versucht also, Sein und Werden im Gesellschaftlichen so zusammenzudenken, dass die Vergangenheit ebenso zur Geltung kommt wie die Möglichkeit einer zukünftigen Veränderung. Faktizität durch Vergangenheit und die Freiheit auf Zukunft sollen beide zu ihrem Recht kommen. Sartre grenzt sich mit solchen Überlegungen gleichermaßen von einer empirischen Wissenschaft der Gesellschaft, die lediglich die Fakten der Gegenwart erhebt, wie vom Strukturalismus ab, der vor allem auf die Gegenwart ausgerichtet ist.

Von der individuellen Praxis zum Praktisch-Inerten

Sartre versucht also, Freiheit und gesellschaftliche Determination zusammenzudenken; auch hierfür steht bei ihm der Begriff der Dialektik. Für ihn ist es wesentlich, nicht nur eine gesellschaftliche Fremdbestimmung des Individuums festzustellen; denn dies wäre das Ende der Freiheit. Das Individuum muss daher durch sich selbst totalisierend sein: »Die ganze historische Dialektik beruht auf der individuellen Praxis, insofern diese schon dialektisch ist [...].«[39] In immer neuen gedanklichen Anläufen umkreist Sartre die Einsicht, dass die gesellschaftliche Bestimmung dem Individuum nicht einfach äußerlich ist. Stattdessen spricht er in diesem Zusammenhang von einer »Interioritäts-Verbindung«[40]. Die gesellschaftliche Totalisierung darf die Individuen nicht entmächtigen, sondern wirkt quasi im Medium ihrer Freiheit und ihrer Individualität durch sie hindurch: »Der Mensch als totalisierender Plan ist selbst die aktive Intelligibilität der Totalisierungen.«[41]

In einer Konkretisierung untersucht Sartre die menschlichen Beziehungen, denen er eine Vermittlung zwischen den verschiedenen Sektoren der Materialität zutraut.[42] Soziale Gegenstände, die für Sartre ausnahmslos eine kollektive Struktur haben, sind »Gebilde des praktisch-inerten Feldes«[43]. In dieser Wortzusammenstellung versucht Sartre das praktisch-aktive Verhalten des Individuums mit seinem passiven und geprägten Charakter zusammenzudenken. Am Beispiel einer wartenden Gruppe an der Bushaltestelle verdeutlicht er Aktivität und Passivität von »Isoliertheitsverhaltensweisen«, die in einer Massengesellschaft als Isolierungswechselseitigkeit vorkommen.[44] Der individuelle Gang zur Haltestelle mag auf einer Ebene der Betrachtung als frei gelten, aber gleichwohl ist die Uniformität des Gruppenverhaltens Ausdruck einer gesellschaftlichen Bedingtheit: »Von diesem Gesichtspunkt aus bleibt für ein isoliertes Individuum – das heißt für jeden von uns, insofern er den Isoliertheitsstatus erhält und ihn verinnert – das Bewußtsein seiner Praxis als freie Wirksamkeit durch alle Zwänge und Forderungen hindurch, die konstante Wirklichkeit seiner selbst, insofern er ständiges Überschreiten seiner Ziele ist.«[45]

Für das Individuum gibt es eine faktische Unüberschreitbarkeit seiner selbst, jedenfalls als Ausgangspunkt: »Aber genau in dem Maße, wie gerade die Freiheit die Unüberschreitbarkeit als notwendige Struktur der entfremdeten Objektivierung enthüllt, enthüllt sie sie im Medium der Freiheit als überschreitbare Unüberschreitbarkeit.«[46] Mit solchen Formulierungen versucht Sartre das Kunststück, die weitgehende Festgelegtheit eines Individuums mit dem Gefühl der Freiheit zusammenzubringen, das die Festgelegtheit im Bewusstsein der Freiheit doch potenziell überwindbar macht, ohne die Bedingtheit sogleich in Nichts aufzulösen. Sartre denkt hierbei gut marxistisch an den Proletarier, der sich der Wirklichkeit seines Seins bewusst wird und sich so als ohnmächtig erfährt. Die Bewusstwerdung als Akt der Freiheit führt zur Einsicht in die Unfreiheit und damit zur Einsicht einer unmenschlichen Praxis.

Sartre legt Wert auf die Feststellung, dass sein Verständnis von Freiheit nicht die Unfreiheit realer gesellschaftlicher Praxis leugnet. Er formuliert paradox: »Man unterstelle uns vor allem nicht die Behauptung, daß der Mensch in allen Situationen frei sei«; denn der Sklave ist nicht frei.[47] Indirekt widerruft Sartre damit einige überspitzte Freiheitsformulierungen aus seinem Frühwerk, indem er nun die realen Erfahrungen von Unfreiheit und Ohnmacht stärker herausarbeitet. Zugleich will er an der Freiheit festhalten, sie aber als eine Erscheinungsform gesellschaftlicher Praxis deuten. Das Individuum ist ungeachtet seiner Freiheit gesellschaftlich geformt. An diesem Punkt ist nicht nur Sartres Sprache kompliziert, sondern auch der Sachverhalt, mit dem er ringt: »Diese neue Struktur der Erfahrung erweist sich als eine Umkehrung des praktisch-inerten Feldes: das heißt, der Nerv der *praktischen Einheit* ist die Freiheit, die als Notwendigkeit der Notwendigkeit oder, wenn man vorzieht, als ihre unbeugsame Umkehrung erscheint.« Von einer neuen Dialektik spricht Sartre an dieser Stelle, in der »Freiheit und Notwendigkeit nur noch eins sind«[48].

Was lässt sich aus solchen Stellen, die typisch für die *Kritik der dialektischen Vernunft* sind, philosophisch machen? Vordergründig lässt sich bezweifeln, ob der begriffliche Ertrag die vielen Hundert Seiten auf höchstem Abstraktionsniveau rechtfertigt. Sachlich gravierender ist jedoch der Einwand, dass Sartre permanent seinen Freiheitsbegriff wechselt. Zwar kann man mit Sartre erwidern, dass solche Kritik den Kritiker eben als Analytiker und nicht als Dialektiker ausweist. Mag sein! Trotzdem bleibt es dabei, dass Sartre – analytisch gesehen – in diesen Passagen Willens- und Handlungsfreiheit vermengt: Dem unfreien Proletarier fehlt in seiner Ohnmacht die Handlungsfreiheit, während seine Einsicht in die Ohnmacht prinzipiell Ausdruck seiner Willensfreiheit sein kann. Aus diesem Dilemma gibt es meines Erachtens auch keinen dialektischen Ausweg; denn Dialektik ist nicht gleichbedeutend mit unklarem Denken.

Von der Gruppe zur Geschichte

In der *Kritik der dialektischen Vernunft* versucht Sartre, den Fokus auf das Individuum zu überschreiben. Deshalb ist ihm die Analyse von Gruppe, Kollektiv und der Geschichte überhaupt wichtig. Das Allgemeine am Individuum findet jetzt sein besonderes Interesse: So »verliert die freie Praxis des isolierten Individuums ihren verdächtigen Robinsonadencharakter: *es gibt kein* isoliertes Individuum (es sei denn, man nimmt die Isoliertheit als eine besondere Struktur der Sozialität)«[49]. Sartre zielt darauf, seine alte Lehre von der radikalen Verantwortlichkeit des Individuums jetzt mit Blick auf die Totalisierung in der Geschichte zu relativieren und kommt so zum eigentlichen Problem der Geschichte als »der Totalisierung ohne

Totalisierer«[50]. Mit dieser Formulierung betont er nochmals, dass nicht eine Instanz, eine Gruppe oder gar ein Individuum die Geschichte im Griff hat, sondern die »freie totalisierende Praxis« selbst.[51]

Zur Vertiefung dieser Einsicht kündigt Sartre einen zweiten Band der *Kritik der dialektischen Vernunft* an, um nach der Beschäftigung mit den »elementaren und formalen Strukturen« mit ihren »dialektischen Grundlagen für eine strukturale Anthropologie« fortzufahren: »Jetzt müssen wir diese Strukturen sich frei bewegen, einander entgegenstellen und gegenseitig zusammensetzen lassen: die reflexive Erfahrung dieses noch formalen Erlebnisses wird den Gegenstand des zweiten Bandes ausmachen.«[52] So nahe wie in dieser Ankündigung einer Fortsetzung ist Sartre seinen strukturalistischen Gegnern nie wieder gekommen. Von Subjektivität ist in der *Kritik der dialektischen Vernunft* kaum noch die Rede. So mag es auch sachlich nicht nur als Zufall gelten, dass der zweite Band der *Kritik der dialektischen Vernunft* nie fertig geworden ist; sonst hätte Sartre selbst Strukturalist werden müssen. Sartre findet vielmehr einen Rückweg zur Subjektivität durch die Auseinandersetzung mit der konkreten Biografie. Man könnte meinen, dass er damit in die Konkretion mancher seiner Frühwerke zurückkehrt, nachdem er sich in der *Kritik der dialektischen Vernunft* methodisch verlaufen hat.

8. *Der Idiot der Familie*: Situierte Freiheit und das Genre einer philosophischen Biografie

Weshalb sollte sich ein Philosoph mit Biografien von Literaten beschäftigen? Ist die Philosophie als Disziplin der Sachlichkeit nicht darauf ausgerichtet, Genesis und Geltung strikt zu trennen, es also im Kern uninteressant zu finden, in welchem Kontext ein Autor seine Argumente entdeckt hat? Wer ein solch striktes Verständnis von Philosophie hat, kann auf Sartres zahlreiche Biografien nur mit Desinteresse reagieren. Im Gesamtwerk von Sartre nehmen die meist umfangreichen Bücher zu literarischen Autoren jedoch eine Schlüsselstellung ein – nicht zuletzt, weil sie es ihm erneut ermöglichen, Literatur und Philosophie zu verbinden. Die Biografie stellt für Sartre das Medium dar, in dem er seine Gedanken zur Freiheit und zur Bedingtheit des individuellen Lebens durch die Gesellschaft konkret zusammenbringen kann. Es befriedigt ihn nicht, nur in allgemeinen Worten – wie in der *Kritik der dialektischen Vernunft* geschehen – Freiheit und gesellschaftliche Determination gleichzeitig zu denken. Seine philosophischen Biografien versuchen, diese Vermittlung im Leben eines Individuums nachzuzeichnen.

Thomas Macho betont die Bedeutung dieses Textgenres bei Sartre: Künftige Generationen werden, so prophezeit er, Sartre nicht so sehr für seine Werke *Das Sein und das Nichts* oder *Kritik der dialektischen Vernunft* schätzen, auch nicht mehr so sehr als Romancier und Dramatiker, sondern als »einen der großartigsten Biographen, den es jemals gegeben hat. Mit dieser fälligen Anerkennung müßte auch der Respekt vor dem Genre der Biographie spürbar erhöht werden.«[1]

Aus der Sicht der Philosophie ist die Biografie meist eine Textsorte minderer Bedeutung, weil es nur darum geht, einige Fakten zum Leben eines Menschen zusammenzutragen, während die richtige Philosophie harte Denkarbeit leistet. Für Sartre hingegen bildet die Biografie das Medium der philosophischen Denkarbeit, weil er als Philosoph die Alternative einer reinen oder einer nützlichen Philosophie vermeiden und stattdessen eine konkrete Philosophie versuchen will. Das Leben eines Individuums – in der Biografie analysiert und auf das Allgemeine bezogen – bietet dabei spannende Möglichkeiten, allgemeine Begrifflichkeiten zu konkretisieren.

Sartre hat neben dem monumentalen Werk zu Flaubert eine ganze Reihe biografischer Texte vorgelegt, so einen frühen Essay zu Baudelaire, eine Ausarbeitung zu Mallarmé, die allerdings erst nach Sartres Tod erschienen ist, und ein umfangreiches Buch zu Saint Genet. Allgemeine Beachtung bis hin zum Literaturnobelpreis hat seine Autobiografie *Die Wörter* gefunden. Bemerkenswert ist, wie präzise und distanziert, vielleicht sogar abschätzig Sartre gleichermaßen sich selbst wie die anderen von ihm ausgewählten Autoren charakterisiert. Die Autobiografie *Die Wörter* unterscheidet sich nicht wesentlich von seinen sonstigen Biografien, auch hier geht es um ein Individuum als Teil seiner Zeit, nur dass es dieses Mal – quasi zufällig – Sartre selbst ist. Den hierfür charakteristischen Ton hat Sartre früh gelernt, wie zum Beispiel ein Brief an Simone Jolivet von 1926 zeigt, in dem er sich als zugleich »äußerst ehrgeizig« und geprägt von Feigheit und Charakterschwäche beschreibt: »Das also sind meine beiden Grundtendenzen. Die wesentliche ist der Ehrgeiz. Ich habe mir sehr bald nicht gefallen, und das erste, was ich wirklich gestaltet habe, war mein Charakter. Ich habe an zwei Dingen gearbeitet: an meinem Willen und an der Unterdrückung der zweiten Tendenz, deren ich mich zutiefst schämte.«[2] Wenn Sartre so über sich spricht, vermeidet er noch die kleinsten Spuren von Selbstbetrug und erschließt sich nicht vom Ich-Ideal, sondern von den eigenen Schwächen her.

Am Anfang einer Biografie steht bei ihm immer die illusionslose und nüchterne Wahrnehmung dessen, was ist. Erst jen-

94

seits des Selbstbetrugs und leerer Charakterisierungen fängt eine Biografie an, interessant zu werden. Immer wieder steuert Sartre auf die Momente zu, an denen eine Person aus ihren Schwächen etwas Besonderes gemacht hat: »[...] das Kind wird den Fatalitäten seiner Geburt nur entgehen, wenn es ihm gelingt, *sich neu zu schaffen*.«[3] Aus der vorfindlichen Faktizität erwacht ein eigenständiges Individuum, das »sich eine reflexive Persönlichkeit« gibt, »die nichts anderes als die abstrakte Negation der empirischen Persönlichkeit ist«[4]. Der Gedanke der Kontingenz, bei Heidegger mit dem Begriff der Geworfenheit gedeutet, bildet den Ausgangspunkt einer Biografie, in der das Individuum sich zunächst nicht in der Hand hat. Interessant ist der Punkt, an dem das Individuum es schafft, einen eigenen Weg zu finden: »Mallarmé oder das unglückliche Bewußtsein: in ihm werden stellvertretend für alle das Einzelne und das Allgemeine, Ursache und Zweck, Idee und Materie, Determinismus und Autonomie, Zeit und Ewigkeit, Sein und Sein-sollen miteinander im Widerstreit liegen.«[5] Was ihn im eigenen und im fremden Fall immer schon gefesselt hat, versucht Sartre im Flaubert-Projekt systematisch zu entfalten, indem er Allgemeines und Besonderes mit der progressiv-regressiven Methode zusammenbringt.[6]

Mit Hilfe der Aufzeichnungen von Flaubert versucht Sartre eine genaue Abgrenzung des Individuellen und des Überindividuellen vorzunehmen: »Ein Mensch ist nämlich niemals ein Individuum; man sollte ihn besser ein einzelnes Allgemeines nennen: von einer Epoche totalisiert und eben dadurch allgemein geworden, retotalisiert er sie, indem er sich in ihr als Einzelnheit wiederhervorbringt.«[7] Auf einen Menschen stürmt immer prägend Allgemeines ein; insofern lassen sich für das Individuum selbst, aber vor allem für Beobachtende von außen (zeitgleich oder nachträglich) überindividuelle Zusammenhänge erkennen: »Was man Charakter nennt, ist nämlich rein differentiell und manifestiert sich als eine leichte Verschiebung der Verhaltensweisen der Person gegenüber den objektiven Verhaltensweisen, die ihre Umwelt ihr vorschreibt.«[8] Hier unterstreicht Sartre, dass es so etwas wie eine Besonderheit des Individuellen im Überindividuellen gibt, wonach sich das Individuelle als Ergebnis eines überindividuell zu erfassenden Besonderungsprozesses deuten lässt.

Warum Flaubert?

Das aus vier Teilen bestehende Werk *Der Idiot der Familie* ist 1971 und 1972 erschienen. Sartre untersucht darin das Leben des Gustave Flaubert (1821–1880) bis 1857: »Wir müssen folgenden Skandal zu begreifen versuchen: ein Idiot wird ein Genie.«[9] Laut Vorwort begreift sich auch *Der Idiot der Familie* als Fortsetzung von *Fragen der Methode*, so dass dieser Text als Vorwort für zwei große Werke fungiert.[10] Tatsächlich thematisieren die *Kritik der dialektischen Vernunft* und *Der Idiot der Familie* die Grundsatzfrage nach dem Verhältnis von Individuum und Gesellschaft. Während jedoch die *Kritik der dialektischen Vernunft* in weiten Passagen an ihrer eigenen hochabstrakten, vermeintlich dialektischen Begrifflichkeit erstickt, versucht *Der Idiot der Familie* mit enormen Detailkenntnissen der Biografie Flauberts, der Psychoanalyse, der Ästhetik und der Zeitgeschichte die eigene Fragestellung geerdet zu halten. »Was kann man heutzutage von einem Menschen wissen«, formuliert Sartre selbst als Leitfrage seiner Untersuchung.[11] Warum beschäftigt sich Sartre ausgerechnet mit Flaubert so ausführlich? Ganz vordergründig muss man in Rechnung stellen, dass Flaubert als dem Meister des realistischen Romans innerhalb Frankreichs eine ungleich höhere Bedeutung und Aufmerksamkeit zukommt, als dies in Deutschland der Fall ist. Darüber hinaus gibt Sartre selbst Aufschluss: »Warum Flaubert? Aus drei Gründen. Der erste ist ein ganz persönlicher«, insofern Sartre diesem Schriftsteller niemals gleichgültig gegenüberstand und eine ursprünglich starke Antipathie in Empathie verwandelt hat. »Zweitens hat er sich in seinen Büchern objektiviert«, das heißt, Flaubert ist ein Individuum, das in einem Werk greifbar ist. »Schließlich erweisen sich seine frühen Werke und seine dreizehn Bände Korrespondenz [...] als die merkwürdigsten, die am leichtesten zu dechiffrierenden Geständnisse: man glaubt, einen Neurotiker zu hören, der auf dem Sofa des Analytikers vor sich hin spricht.«[12] Die gute Materiallage bei den persönlichen Aufzeichnungen, eine persönliche Affinität und das Spannungsverhältnis von Werk und Autor veranlassen Sartre also, am Beispiel von Flaubert die Frage nach dem Verhältnis von Besonderem und Allgemeinem zu untersuchen. Die grobe Einteilung des Werks unterscheidet die »Konstitution« und die »Personalisation« sowie zum Schluss die Frage nach dem Verhältnis von objektiver und subjektiver Neurose.

Die Konstitution des Idioten

Die Konstitution erzählt die Determinationsgeschichte eines Individuums – eine Geschichte, die zu jedem Leben erzählbar ist. Insofern geht es zwar inhaltlich um das besondere Individuum, eben um Gustave Flaubert, aber eine solche Analyse kann im Prinzip für jedes Individuum durchgeführt werden, insbesondere auch für die eigene Person (was Sartre in den *Wörtern* für sich ja praktiziert hat). Warum ist jemand zu dem geworden, der er ist? Warum bin ich zu dem geworden, der ich bin? Die Antworten liegen für Sartre nicht in allgemeinen Sozialisationstheorien, sondern in der erzählenden Vermittlung von Allgemeinem und Besonderem. Daraus ergibt sich ein wechselseitiger Richtigkeitstest: Die allgemeine Theorie wird am Besonderen erprobt und das Besondere erschließt sich im Licht des Allgemeinen.

Für die Konstitutionsgeschichte spielt zunächst die Analyse von Gustaves Familie eine zentrale Rolle. Wir erfahren viel über den Vater, der als Arzt wirkt und um 1830 einen damals schon etwas altmodischen rigiden Materialismus verkörpert. Die Mutter bildet mit ihren religiösen Schwärmereien den gefühlsorientierten Gegenpol; im Machtgefüge der Familie ordnet sie sich allerdings ihrem Mann völlig unter. Gustave ist also gegensätzlichen Erziehungsstilen unterworfen, wobei im ausdrücklichen Konfliktfall stets der Vater gewinnt – nur ist der Gewinner in der Familie nicht immer anwesend, so dass die Mutter für ihre Vorstellungen doch immer wieder Einflussmöglichkeiten findet. Bedeutsam für Gustave ist auch sein älterer Bruder, insofern dieser sich ganz an den vom Vater vorgezeichneten und als normal empfundenen Berufsweg des Arztes hält. Im Kontrast zum älteren Bruder gilt Gustave als Versager, eben als Idiot. Dies wird nicht zuletzt daran festgemacht, dass er lange Zeit nicht lesen kann, aber »mit neun Jahren beschloß Gustave zu schreiben, weil er mit sieben Jahren nicht lesen konnte«[13]. Gustaves Umgang mit Sprache hat etwas Forciertes; aufgrund einer ursprünglichen Schwäche muss er sich die Sprachkompetenz abringen, indem »er von den Wörtern *Gebrauch macht*, aber nicht spricht«[14].

Selbstverständlichkeiten – sonst das Merkmal der Kindheit – fehlen dem jungen Gustave; das Leben ist eine Last für ihn: »Der kleine Junge *lebt* so, wie der Soldat *marschiert*: mit dem gleichen Widerwillen und der gleichen Bemühtheit, mehr aus Gehorsam als aus Selbsterhaltungstrieb.«[15] Sartre fasst diesen Teil der frühen Sozialisation von Gustave als dessen »passive Konstitution«[16].

Methodisch bricht Sartre zwischendurch immer wieder seinen Erzählgang ab und reflektiert die von ihm vorgetragenen Deutungen und Evidenzen. Er gesteht sich dabei ein, dass es so sein kann, wie er es beschreibt, aber es könnte eben auch ganz anders sein. Der konventionelle Anspruch der Wissenschaftlichkeit im Sinne der Nachprüfbarkeit wird zwar nicht aufgegeben, aber im Sinne einer strikten Beweisführung auch nicht erhoben: »Die Wahrheit dieser Rekonstruktion kann nicht bewiesen werden; ihre Wahrscheinlichkeit ist nicht meßbar: mit etwas Glück werden wir zwar über alles, was wir wissen, Aufschluß geben können. Aber dieses Alles ist wenig: fast nichts.«[17] Neben dem Problem des Wissens ist auch das Determinationsverhältnis zwischen dem Kind und dem Erwachsenen nicht so eindeutig: »Ein Leben ist bekanntlich eine zu allem möglichen verwendete Kindheit.«[18] Trotzdem bleibt Sartre nichts anderes übrig, als bei dem Erwachsenen anzusetzen und von hier aus in die Kindheit zurückzugehen, um bei der »Erforschung der Innenbeziehungen mit dem letzten Stadium der untersuchten Erfahrung« zu beginnen.[19]

Für Sartres Bild der Konstitution von Gustave Flaubert sind die folgenden Aspekte besonders wichtig: 1. »Gustave ist niemals aus seiner Kindheit herausgekommen. [...] dieser Erwachsene ist entfremdet in die jämmerliche Mißgeburt, die er war.«[20] 2. »Der bittere Fluch, der den jüngeren Bruder zu seinem Unglück und zu seinem Ruhm bis zum Ende seines Lebens in der Kindheit festhält, hat seinen Ursprung in dem erdrückenden Segen, der den älteren Bruder zu einem Erwachsenen macht und ihm das Kreuz bricht.«[21] 3. »So ist Gustave: ein bloßer Behälter für Sentenzen, die Andere in ihn hineingelegt haben, die auswendig gelernt sind, als Entfremdung, also roh, empfunden werden, findet er sich in einer Welt vor, in der die Wahrheit der Andere ist.«[22] Diese Einsichten Sartres sind spezifisch für Gustave; es gibt aber auch solche, die viele andere Kinder betreffen: »Wenn Väter Pläne haben, haben die Kinder Geschicke.«[23] Sartre betont, dass er die Konstitution Gustaves nur in groben Zügen ermitteln konnte und außerdem »nur eine abstrakte Bedingtheit erfaßt: niemand kann sich leben, ohne sich zu schaffen, das heißt, ohne auf das Konkrete hin zu überschreiten, was man aus ihm gemacht hat«[24].

Die Personalisation eines Individuums umfasst das, was ein Mensch aus seiner Konstitution – quasi in Freiheit – macht:»In jedem Fall ist die Personalisation beim Individuum nichts andres als die Überschreitung und Aufbewahrung (Übernahme und innere Negation) dessen, was die Welt aus ihm gemacht hat – und immer noch macht –, innerhalb eines totalisierenden Entwurfs.«[25] Der Begriff der Personalisation bildet mithin das Gegenstück zu dem der Konstitution. Sartre bringt so das begriffliche Erbe der Wahlfreiheit ein, um es mit der Faktizität vereinbar zu machen:»Die *Person* ist nämlich weder ganz und gar erlitten noch ganz und gar konstruiert.«[26]

Die Personalisation des Gustave Flaubert schafft aus dem Idioten einen letztlich berühmten Mann:»Das heißt also, daß dieser, um seine inneren Konflikte zu lösen, sich zum Schriftsteller *gemacht* hat.«[27] Sartre datiert diesen Prozess in die Jahre 1835 bis 1839, in denen Flaubert durch die schriftstellerische Einbeziehung des Irrealen in seine Person integriert, was sonst nicht integrierbar wäre. Sartre nutzt für die Beschreibung dieses Vorgangs allerdings immer wieder Formulierungen, die doch eher nach Konstitution als nach Personalisation klingen:»Gustave braucht keine so großen Gefahren, um ins Imaginäre überzugehen: seine Ohnmacht ist permanent, und die kleinste Anforderung der Außenwelt, der geringste Gleichgewichtsverlust lassen ihn in Verstörtheit fallen: auf dieser Ebene sind seine Imaginarisierung und die Irrealisierung der Welt ein und dasselbe.«[28]

Nach 1840 kommt es im Leben von Gustave Flaubert zu einer krisenhaften Entwicklung: Sartre spricht hier von einer »Präneurose«.[29] Am Ende der Krise steht die endgültige Kristallisation von Flaubert als Künstler. Die Ereignisse spitzen sich 1844 zu, als Gustave Flaubert einer »Nervenattacke«[30] ausgesetzt ist und damit für seine Familie und Umgebung sichtbar zum Kranken wird. Die Krankheit ermöglicht es ihm, endlich das ungeliebte Jurastudium aufzugeben und gleichzeitig als Kranker ein wenig wohltuende Aufmerksamkeit von seiner Familie zu bekommen. Die Abstempelung als Idiot endet mit dem Ausbruch der Krankheit, weil Gustave Flaubert mit ihr ein Schonraum zugestanden wird, der darüber hinaus eine Künstlerexistenz für die Familie tolerabel macht. Die Krankheit wird deshalb für ihn zum Anfang einer Befreiung; einen direkten Ausweg hätte er kaum gefunden.

Eine besondere Pointe der Personalisation von Flaubert liegt darin, dass er als Verfechter des realistischen Romans als Person in besonderer Weise mit dem Irrealen kämpft. Sartre spielt immer wieder mit diesem Paradox: Der Künstler ist ein Akteur des Imaginären; Gustave wird zu einem solchen Künstler, um bestimmte Probleme seiner Konstitution zu bewältigen; innerhalb des Imaginären bevorzugt Flaubert aber den Realismus. Mit *Madame Bovary* wird aus dem Idioten der Künstler des Realen.

In der Auseinandersetzung mit Sartres Konzept der Personalisation drängt sich die Frage auf, ob diese nicht auch konstituiert ist. In einem gewissen Sinne markiert der Sprung von der Konstitution in die Personalisation ein Wunder, das argumentativ nicht wirklich überzeugt. Gleichwohl hat Sartre damit eine wichtige Intuition formuliert, insofern es in jedem Leben Schlüsselszenen der Selbstwerdung und insofern der Freiheit gibt, die eine Person nachträglich als den Beginn der eigenen Geschichte deutet. In diesem Sinne überzeugt der Begriff der Personalisation, auch wenn ein völliger Ausstieg aus der Konstitutionsgeschichte damit wohl kaum verbunden ist.

Objekte und subjektive Neurose

Die Kristallisation von Flaubert als Künstler und Schriftsteller ist zunächst eine rein neurotische: »Die Literatur baut sich völlig um seine Neurose auf.«[31] Die subjektive Geschichte scheint also trotz aller methodischen Probleme der Verifizierung für Sartre doch mehr als klar zu sein: Der Idiot wird Schriftsteller.

Ein erfolgreicher Schriftsteller wäre ein Individuum allein aufgrund der neurotischen Ausgangsposition allerdings noch nicht. Deshalb ist für die Würdigung von Gustave Flaubert als Autor der *Madame Bovary* die objektive Dimension der Neurose bei Sartre zentral. Das Publikum muss aufgrund der Objektivität der Neurose, das heißt einer, die über das einzelne partikulare Individuum Gustave Flaubert hinausgeht, an die subjektive Neurose des Autors anschließen können. Es darf sich also nicht um eine bloß private Neurose bei Flaubert handeln: »Dieses Paradox ist nur erklärbar, wenn man voraussetzt, daß das Werk von selbst das Stadium der neurotischen Gefälligkeit überschreitet und Objektivitätsstrukturen enthält.«[32]

Die Rede von subjektiver und objektiver Neurose verweist auf Freud und Marx als zwei Autoren, die hinter dieser Unterscheidung stehen. Mit der Psychoanalyse Freuds sollen die subjektiven Bedingungen einer persönlichen Neurose erhellt werden, während Marx als Schüler Hegels an der Kritik der objektiven Krankheit seiner Epoche arbeitet. Sartre überblendet diese beiden Perspektiven, indem sich für ihn die Objektivität in der Subjektivität »austobt«. Wichtig ist, dass die persönlichen Neurosen des Schriftstellers Flaubert von einem Publikum verstanden oder gar geteilt werden können.

Insgesamt stehen hinter Sartres Unterscheidung von objektiver und subjektiver Neurose sowie hinter seinen Begriffen der Konstitution und Personalisation wichtige Ideen. Ihre Entfaltung bleibt allerdings auch deshalb begrifflich in der Schwebe, weil er im Flaubert-Projekt auf eine Entfaltung des Allgemeinen im Medium des Besonderen zielt und gerade nicht auf eine erneute Theorie.

9. Sartre im Humanismusstreit: Zum philosophischen Dialog mit dem späten Heidegger, dem Strukturalismus, Foucault und Lévinas

Mit den *Fragen zur Methode* und der *Kritik der dialektischen Vernunft* hat Sartre die Herzen der zeitgenössischen Leser nach 1960 immer weniger gewinnen können; denn mit der Unerbittlichkeit eines Generationswechsels kommen jetzt andere Autoren auf die Bühne. Insbesondere die Vertreter des Strukturalismus – hier ist für den Anfang vor allem Claude Lévi-Strauss (*1908) zu nennen – wollen die phänomenologische Subjektphilosophie nicht mehr nur gesellschaftsorientiert erweitern, sondern ganz hinter sich lassen. So entbrennt in der französischen Philosophie der Humanismusstreit, in dem der Begriff des Humanismus nicht im Sinne von Sartres frühem Aufsatz oder umgangssprachlich als eine allgemein menschenfreundliche Haltung zu verstehen ist; vielmehr geht es darum, ob sich Strukturen oder Subjekte besser als Grundbegriffe der Humanwissenschaften eignen. Ein Präludium dieses Streits stellt aus heutiger Sicht Heideggers Aufsatz *Über den Humanismus* dar, in dem er nach seiner Kehre dem Sein die Priorität gegenüber den Subjekten gibt. Mit Michel Foucault (1926–1984) und Emmanuel Lévinas (1905–1995) treten zu Lebzeiten von Sartre zwei originelle Denker auf den Plan, die in einer Machttheorie bzw. durch eine fundamentale Berücksichtigung des Anderen eine Engführung auf das Subjekt vermeiden wollen.

Ziel dieses Kapitels ist es, Sartre in ein begrifflich-systematisches Diskussionsverhältnis zu seinen Zeitgenossen und Nachfolgern zu bringen. Während der sechziger Jahre arbeitet er an seinem Flaubert-Projekt und scheint sich philosophisch von den strukturalistisch geprägten Debatten der Zeit abzuschotten, er verweigert »die nötige Aufgeschlossenheit« zu »jenen so fruchtbaren Forschungsmethoden«[1].

Die Distanzierung des späten Heidegger von Sartre

Auch wenn Martin Heidegger, geboren 1889, der Ältere ist, kann er weitgehend als Zeitgenosse Sartres gesehen werden. Bereits 1945 hat Heidegger mit dem *Brief über den Humanismus*[2] auf Sartres Frühwerk reagiert, damit sein eigenes Werk *Sein und Zeit* in seiner durchaus individualistischen Analyse der Jemeinigkeit des Daseins nicht in die von ihm wahrgenommene Verflachung eines »-ismus« gezogen würde. Das in *Sein und Zeit* untersuchte Dasein kann trotz aller von Heidegger immer wieder betonten Vorrangigkeit der Seinsfrage genauso wie beim frühen Sartre als Ausdruck eines existenziellen Individualismus genommen werden: Das Dasein entwirft sich in einer vorlaufenden Entschlossenheit im Angesicht eines Seins zum Tode. So grundsätzlich auseinander liegen *Das Sein und das Nichts* und *Sein und Zeit* also keineswegs. Insofern wendet sich der späte Heidegger im Text *Über den Humanismus* nicht nur ausdrücklich gegen Sartre, sondern auch gegen seine eigene Subjektorientierung in *Sein und Zeit*.

Heidegger arbeitet die Zentralstellung des Seins heraus, das nicht als abhängig vom subjektiven Entwurf zu denken sei: »Sein lichtet sich dem Menschen im ekstatischen Entwurf. Doch dieser Entwurf schafft nicht das Sein. Überdies aber ist der Entwurf wesenhaft ein geworfener. Das Werfende im Entwerfen ist nicht der Mensch, sondern das Sein selbst.«[3] Im Humanismus als einseitiger Subjektorientierung sieht er eine für die neuzeitliche Philosophie typische Gefahr, nämlich die einer bloß technokratischen Weltaneignung durch den Menschen: Statt sich in Demut vom Sein ansprechen zu lassen, versucht der moderne Mensch, sich und die Welt in den Griff zu bekommen. Sartres radikales Verständnis von Verantwortung ist dementsprechend für Heidegger nur eine Variante der modernen Selbstüberlastung. Hinter Heideggers Humanismuskritik steht die Forderung nach einer neuen Bescheidenheit und einer Abkehr vom Machbarkeitswahn: »Der Mensch muß, bevor er spricht, erst vom Sein sich wieder ansprechen lassen auf die Gefahr, daß er unter diesem Anspruch wenig oder selten etwas zu sagen hat.«[4] Kritiker von Heidegger haben betont, dass diese Seinsorientierung mit ihrer Distanzierung von menschlicher Machbarkeitseuphorie auch den Versuch darstellt, das eigene Versagen im Nationalsozialismus in die Sphäre des allgemein Menschlichen zu heben. Während Sartre gerade die radikale Verantwortung herausarbeitet, redet Heidegger vom Ruf des Seins, den wir Menschen allzu leicht überhören.

Lasst Strukturen sprechen und nicht Subjekte!

Die Grundidee des Strukturalismus lässt sich zunächst so formulieren, dass es Strukturen gibt, die grundlegender sind als die Subjekte, die sie nur ausdrücken.[5] Genauso wie der Marxismus, der in der Person von Louis Althusser (1918–1990) eine Verbindung mit dem Strukturalismus eingeht, und die Systemtheorie, die in Deutschland besonders in der Version von Niklas Luhmann (1927–1998) verbreitet ist, betreibt der Strukturalismus eine Dezentrierung des Subjekts und sucht nach einer begrifflichen Basis, auf der sich auch Subjekte besser erklären lassen.[6] Der Phänomenologie wird vorgeworfen, dass sie nur Oberflächenbeschreibungen hervorbringe; stattdessen soll der Versuch der Tiefenerklärung gemacht werden, die sich zugleich von einer wissenschaftlichen Kausalerklärung abgrenzt. Der neuere Strukturalismus weitet die strukturale Analyse, die in ihren Vorformen schon auf Ferdinand de Saussure (1857–1913) mit seiner Unterscheidung von Sprechen (parole) und Sprache selbst (langue) zurückgeht, auf alle

Formen von Zeichensystemen und auf andere Wissenschafts-
felder aus und strebt eine Verwissenschaftlichung der Geistes-
und Sozialwissenschaften insgesamt an. Besondere Bedeutung kommt hierbei Claude Lévi-Strauss für die Ethnologie,
Jacques Lacan (1901–1981) für die Psychoanalyse (das Unbe-
wusste sei wie eine Sprache strukturiert)[7], Roland Barthes
(1915–1980) für die Literaturwissenschaft, aber auch dem
frühen Michel Foucault für die psychiatrische Medizin zu.
Louis Althusser arbeitet in *Pour Marx* 1965 einen scharfen
Kontrast zwischen dem »reifen« Marx der ökonomischen
Schriften und dem humanistischen Marx der Frühschriften
heraus. Der späte Marx wird antiidealistisch und strukturalistisch gelesen und dem subjektphilosophischen, an Hegel und
auch Ludwig Feuerbach (1804–1872) orientierten frühen
Marx entgegengestellt.

Insgesamt lässt sich der Strukturalismus – wie zuvor die Existenzphilosophie – geradezu als generationsbezogene Modebe-
wegung deuten, die sich von der Linguistik über andere Humanwissenschaften allmählich ein allgemeines Programm
verschafft und so den Humanismusstreit in Frankreich mit der
Parole auslöst: »Die Strukturen entscheiden und nicht der
Mensch! Der Mensch ist nichts mehr.«[8] Strukturalisten arbeiten besonders heraus, inwiefern »der Zugriff der Institutionen
auf die Individuen auf die Beherrschung einer Sprache zurückgeht« und »ein herrschender Diskurs nicht so sehr Wahrheiten [...] als eine gemeinsame Sprache aufzwingt, durch die
selbst der Gegner hindurch muß, um seine Gegnerschaft zu
erklären«[9].

Die Frage, wie »Struktur« zu definieren ist, beantwortet jeder
Strukturalist ein wenig anders, aber die strukturale Analyse
zielt auf »Relationen, die rein formal durch einige Eigenschaften definiert sind und einem Bestand von Elementen zukom-
men, über deren Natur nichts festgelegt ist«[10]. Die strukturalistische Abkehr vom Subjekt ist eine Abkehr vom husserlschen
Subjekt der Phänomenologie und nicht unbedingt eine vom
kantischen (praktischen) Subjekt der Autonomie. Methodisch

kombiniert der Strukturalismus eine hohe Komplexität mit einer fast literarischen Geschmeidigkeit.

Lévi-Strauss' Kritik an Sartre

Claude Lévi-Strauss veröffentlicht 1955 ein Buch mit dem Titel *Traurige Tropen*, in dem er seine Reiseerfahrungen als Ethnologe schildert. Traurig sind diese Reisen in die Tropen insofern, als Lévi-Strauss auf eine zunehmend vereinheitlichte – heute würde man sagen: globalisierte – Lebensform trifft. Am Rande wird in diesem biografisch getönten Buch die Existenzphilosophie kritisiert, weil sie den »Illusionen der Subjektivität« so sehr entgegenkommt: »Jene Neigung, persönliche Sorgen in den Rang philosophischer Probleme zu erheben, läuft allzu sehr Gefahr, in eine Metaphysik für junge Mädchen abzugleiten, was als didaktisches Verfahren zwar entschuldbar, aber äußerst gefährlich ist, wenn sie es erlaubt, jener Aufgabe den Rücken zu kehren, die der Philosophie so lange zufällt, bis die Wissenschaft stark genug ist, sie zu ersetzen, nämlich der Aufgabe, das Sein in bezug auf sich selbst und nicht in bezug auf mich zu begreifen.«[11] In seinem 1962 erstmals erschienenen Buch *Das wilde Denken* greift Lévi-Strauss den Sartre der *Kritik der dialektischen Vernunft* direkt an: »Sartre, der das Cogito soziologisiert, wechselt nur das Gefängnis.«[12] Gegen den Humanismus der Subjektphilosophie formuliert Lévi-Strauss den strukturalistischen Angriff: »Wir meinen, daß das letzte Ziel der Wissenschaften vom Menschen nicht das ist, den Menschen zu konstituieren, sondern das, ihn aufzulösen.«[13]

Michel Foucault hat sich dagegen verwahrt, als Strukturalist oder als Poststrukturalist wahrgenommen zu werden – tatsächlich ist er als Autor mit eigenem Recht anzusehen.[14] Sachlich dominieren Unterschiede zwischen Sartres und Foucaults Philosophie; doch persönlich gibt es auch eine Menge gemeinsamer Aktivitäten: »Wir waren manchmal erstaunt, wenn wir die beiden, Sartre und Foucault, nach dem Mai 68 einander näherkommen, bei politischen Aktionen gemeinsam auftreten sahen.«[15] Es ist noch am ehesten die Rolle des Intellektuellen, die bei aller inhaltlichen Skepsis eine Anknüpfung an Sartre ermöglicht: »Foucault wusste um diese Nähe. Sein Verhältnis [...] war sein Leben lang von äußerster Ambivalenz geprägt. Bald tat er so, als wolle er von dieser Nähe nichts wissen – aber in verdächtig brüsker und grober Weise.«[16]

Sachlich geht Foucault eigenständige Wege, die die strukturalistische Abkehr vom Subjekt fortsetzen: »Eines ist auf jeden Fall gewiß: der Mensch ist nicht das älteste und auch nicht das konstanteste Problem, das sich dem menschlichen Wissen gestellt hat. Wenn man eine ziemlich kurze Zeitspanne herausnimmt – die europäische Kultur seit dem sechzehnten Jahrhundert –, kann man sicher sein, daß der Mensch eine junge Erfindung ist.« Entsprechend »kann man sehr wohl wetten, daß der Mensch verschwindet wie am Meeresufer ein Gesicht im Sand«[17]. Diese Stelle ist oft missverstanden worden, als ob Foucault einer Ausrottung des Menschen das Wort reden würde. Wie schon der Untertitel des Buchs *Die Ordnung der Dinge* unterstreicht, geht es in diesem Text um die Humanwissenschaften und um die Organisation des Wissens. Foucault behauptet nicht mehr und nicht weniger, als dass der Mensch ein junges und zugleich epistemisch nicht notwendiges Prinzip des Wissens ist. Wenn man sich heutige Debatten um die Bedeutung und die Reichweite der Neurobiologie anschaut, in der der Mensch kein besonderes Wissensprinzip bildet, wird deutlich, wie sehr Foucaults Position inzwischen zum Gemeinplatz geworden ist. Ein Antihumanismus im Umgang mit dem Menschen, der die Würde des Menschen missachtet, wird jedenfalls nicht vertreten.

Im Gegensatz zu Sartre würdigt Foucault allerdings auch nicht vorrangig die Verantwortung des Menschen, er analysiert zunächst einmal wertfrei Machtverhältnisse. Dabei benutzt er den Begriff der Macht grundsätzlich in einem weiten Sinne, nicht auf politische Herrschaft eingegrenzt, sondern fast metaphorisch, und analysiert die Macht des Denkens und vor allem von Denksystemen. Macht ist für Foucault in der Nachfolge Nietzsches an Stellen aufzudecken, wo sie zunächst nicht vermutet wird – in der Gesundheitsorganisation und in der Wissenschaft ganz allgemein. Speziell in der Psychiatrie und im Gefängnis, für deren Machtverhältnisse sich Foucault wiederkehrend interessiert hat, würde man Macht in einem zu kritisierenden Sinne schon eher erwarten. Foucault als Intellektueller hat gegenüber Sartre, der dem alten Intellektuellenmodell des »J'accuse« verhaftet bleibt und in der Regel von einer Regierung Besserung verlangt, einen stark erweiterten Problemhorizont: Für Foucault sind Regierungen nicht so wichtig, da sie genauso wie Subjekte Teil eines allgemeinen Verblendungszusammenhangs sind (wie es die Autoren der Frankfurter Schule ausgedrückt hätten). Selbst die Entwicklung des späten Foucault, der die Ästhetik der Existenz entdeckt[18], hat die beiden denkerisch einander nicht näher gebracht. Für Sartre war Lebenskunst kein philosophisches Thema, weil er diese tatsächlich oder vermeintlich immer praktiziert hat. Foucault erschließt demgegenüber in einer Moderne mit immer weniger Selbstverständlichkeiten die ästhetische Stilisierung der Existenz neu, um eine Verlusterfahrung zu kompensieren.[19]

Das zentrale Thema von Lévinas ist der Andere.[20] Für Lévinas läuft in unserer Welt ebenso wie in der Philosophie *alles* verkehrt, weil die Erfahrung des Anderen ausgeblendet wird. In einer hochindividualisierten Gesellschaft wird der Andere und das Verhältnis zu ihm zunehmend als Problem erfahren. Lévinas empfiehlt deshalb einen Rückgang auf den Anderen, der den neuzeitlichen Individualismus im Wesentlichen aufhebt. Die von ihm vorgelegte Philosophie des Anderen kritisiert die Existenzphilosophie von Heidegger und Sartre gleichermaßen als subjektlastig. Insbesondere Sartres Lösung befriedigt Lévinas nicht. Bei Sartre kommt der Andere ja tatsächlich durch einen wechselseitigen Objektivierungsprozess zur Geltung; der Andere wird durch den Blick erschlossen. Der einzelne Mensch in seiner Freiheit kann für Sartre nicht angeblickt werden; im Blick liegt immer schon eine Vergegenständlichung. Die Hölle, das sind für ihn ohnehin die anderen, so dass er schon aus diesem Grunde keinen wirklichen Zugang zum Anderen gefunden hat.

Lévinas empfindet Sartres Position als Bestätigung dafür, dass vom Ich aus der Andere nicht als Anderer erfasst werden kann; dementsprechend bedarf es für ihn in der Philosophie eines grundsätzlichen Neuansatzes. Für Lévinas muss der Andere als Anderer in unsere Erfahrung »einbrechen« können. Das ist für ihn die Transzendenz. Der Andere wird als »Loch im Horizont« gedeutet. Der existenzphilosophische Ansatz, der seit Kierkegaard die faktische Existenz des Ich gegen den »absoluten Geist« setzt, wird auf diese Weise radikalisiert, da jetzt die faktische Ichbezogenheit durch das faktisch-transzendente Einbrechen des Anderen überwunden werden soll. Gleichzeitig ist damit für Lévinas eine Kritik des einordnenden Denkens verbunden. Für ihn stellt die Vernunft etwas Abgeleitetes und nichts Erstes dar. Damit fordert er keineswegs einen Irrationalismus, sondern nur eine Kritik der neuzeitlichen Autonomie, die die Transzendenz und den Anderen gleichermaßen vernachlässige. Lévinas erschließt den Anderen über das Antlitz und nicht über den objektivierenden Blick wie Sartre. »Wir nennen *Antlitz* die Epiphanie dessen, was sich so direkt und eben dadurch von außen kommend einem Ich darstellen kann. [...] Das Antlitz ist reine Erfahrung. Erfahrung ohne Begriff.«[21]

Die Subjektphilosophie Sartres wird bei Lévinas um den Preis erkenntnistheoretischer Anschlussprobleme überwunden: Das Reden von einer neuen Transzendenz bei Lévinas bleibt ambivalent und hat viele Leser nicht überzeugt. Aus der Sicht Sartres lassen sich gegen seine Kritiker oftmals Argumente vorbringen, die manchen Versuch der Überwindung als wenig haltbar ausweisen. Insofern hat Sartre den Humanismusstreit zwar in den Augen der meisten Zeitgenossen nach 1960 verloren, aber der Sache nach ist der Streit bis heute offen.

10. Sartre in der Philosophie des 21. Jahrhunderts

Sartre selbst hat sich als isoliert erlebt: »Ich bin seit siebzehn Jahren an eine Arbeit über Flaubert gefesselt, die die Arbeiter nicht interessieren kann, da in einem komplizierten und bestimmt bürgerlichen Stil geschrieben.«[1] Diese Eigendiagnose verarbeitet den Sachverhalt, dass Sartre trotz seiner bleibenden Wichtigkeit als intellektuelle Figur in der französischen Philosophie erstaunlich schnell an den Rand gedrängt wird. Jeder kennt ihn, aber er spielt sachlich in der Philosophie eine immer geringere Rolle. Wer Sartre nur als Fachphilosophen im engeren Sinne begreift, wird sich schwer tun, ihm im 21. Jahrhundert noch einen zentralen Platz einzuräumen. Vermutlich wird das Phänomen Sartre dennoch auf Dauer Faszination auslösen.

Darüber hinaus hat er viele spannende Themen besetzt; an erster Stelle ist hier das Verhältnis von Literatur und Philosophie zu nennen. Eine Philosophie, die den Anspruch erhebt, für alle Menschen oder zumindest für alle lesenden Menschen interessant zu sein, wird Sartres phänomenologischen Versuch als Anregung aufgreifen, das Begriffliche als die angestammte Domäne der Philosophie mit dem Erzählerischen zu verbinden. Auch wenn Sartre immer wieder der Vorwurf gemacht worden ist, dass seine Philosophie zu literarisch und seine Literatur zu philosophisch sei, scheint es mir eher zuzutreffen, dass vieles in seinen philosophischen Schriften ohne die literarischen Passagen nur inkonsistent und vieles in den literarischen Schriften ohne die philosophischen Erörterungen bloß dürftig wäre. Erst mit der gebührenden Berücksichtigung des Literarischen wie des Philosophischen erscheint Sartre als interessanter Autor.

Weniger überzeugend ist Sartre dagegen als argumentierender Philosoph; hier treten die Schwächen vieler seiner Schriften offen zu Tage. Hinzu kommt eine existenzielle Überlastung des Tons, die die Dramatik der Jahre von Resistance und Kollaboration ausdrückt. Darüber hinaus ist eine Neigung zur Selbstgerechtigkeit festzustellen. Sartre sagt praktisch nie: Das verstehe ich nicht, hier muss ich mich zurückhalten (obwohl er immerhin nachträglich eigene Irrtümer einräumt). Er hat die Neigung, etwas Halbverstandenes (z. B. von Hegel) noch abstrakter zu referieren und ihm eine Aura des Tiefen zu geben, um es dann mit einem anderen Gedanken (oft eines weiteren Autors) zu »vermitteln« und so endgültig undeutlich zu machen. Klarheit ist also leider nicht seine Stärke.

Auch Sartres Auslegung der Rolle des Intellektuellen hat ihre Tücken. Gleichwohl bleibt sein Bestreben, das Nachdenken über den Gang der Welt in all ihren Facetten nicht den Experten zu überlassen, in der Tradition der Aufklärung bedeutend. So kritikwürdig Sartres Überheblichkeit und Selbstüberschätzung auch sein mögen, so gehört zum sartreschen Intellektuellen angesichts der Unübersichtlichkeit der Verhältnisse und der abnehmenden Verbindlichkeit von Werten doch Bekennermut. Um eine öffentliche Diskussion zukünftiger Trends ebenso wie eine Diagnose der Gegenwart zu ermöglichen, muss es Autoren und Denker geben, die den Mut haben, isolierte Einsichten zu verallgemeinern und Werte mit Nachdruck zu vertreten. Hierzu gehören Bereitschaft zum Zuhören und zweifelnde Nachdenklichkeit vielleicht in einem stärkeren Maße, als Sartre selbst sie aufzubringen vermochte. Der Intellektuelle sollte genauso individualistisch sein, wie es der frühe Sartre dem Menschen nahe legt; eine Indienstnahme beispielsweise durch Parteien widerspricht jedenfalls der Rolle des nachdenkenden Intellektuellen. Und wenn sich Sartre gerade in seinem politischen Urteil immer wieder verirrt, geschieht dies nicht weil, sondern obwohl er ein Philosoph der metaphysischen Freiheit ist. So lässt sich lernen, dass Reste der denkerischen Unfreiheit auch bei Verfechtern der Freiheit zu finden sind.

Viele Themen der Philosophie Sartres sind nach wie vor aktuell: Freiheit und Faktizität, der Einzelne und der Andere, das Individuum und die Gemeinschaft markieren solche Themen, deren Bearbeitung Sartre vielleicht nicht wirklich argumentativ gelungen ist, die aber von seinen Beiträgen profitieren. Nicht nur einen Beitrag, sondern das Muster schlechthin liefert Sartre zum Thema der Authentizität, die von ihm in Leben und Werk gleichermaßen verkörpert wird. Dass die radikale Thematisierung aller Schwächen des Menschen eine viel tiefere Achtung vor dem Wert des Einzelnen ermöglicht als eine illusionäre oder gar verlogene Idealisierung, gehört zum Kern der Botschaft Sartres.

Anmerkungen

1. Sartre, das »Ungeheuer«:
Intellektueller, Grenzgänger und Philosoph der Freiheit

1 Bernard-Henri Lévy: Sartre. Der Philosoph des 20. Jahrhunderts, München/Wien 2002, S. 302.
2 An Simone Jolivet. In: Jean-Paul Sartre: Briefe an Simone de Beauvoir und andere, hg. von Simone de Beauvoir, übers. von Andrea Spingler, Bd. I, Reinbek 1984, S. 9.
3 Lévy, S. 19.
4 Simone de Beauvoir: In den besten Jahren, Reinbek 1961, S. 118.
5 Lévy, S. 295.
6 Walter van Rossum: Simone de Beauvoir und Jean-Paul Sartre. Die Kunst der Nähe, Reinbek 2001, S. 17.
7 Zitiert nach Simone de Beauvoir: Die Zeremonie des Abschieds, Reinbek 1983, S. 328.
8 Lévy, S. 277.
9 Lévy, S. 300.
10 Beauvoir: Die Zeremonie des Abschieds, S. 11.
11 Jean-Paul Sartre: Brüderlichkeit und Gewalt, Berlin 1993. Vgl. im Nachwort (S. 90) die Charakterisierung von Sartre als »Kobold« durch Lothar Baier.
12 Lévy, S. 537.
13 Vgl. Michael Großheim: Politischer Existentialismus. Subjektivität zwischen Entfremdung und Engagement, Tübingen 2002.

2. Sartre als Nietzscheaner in Leben und Werk

1 Jean-Paul Sartre: Der Ekel, übers. von Uli Aumüller, Reinbek 1981, S. 50.
2 Lévy, S. 172. Vgl. S. 166 ff. den gesamten Abschnitt unter der Überschrift »Sartre als Nietzscheaner«.
3 Ekel, S. 78.
4 Ekel, S. 48.
5 Ekel, S. 90.

6 Ekel, S. 200.

7 Jean-Paul Sartre: Die Wand, in: Jean-Paul Sartre: Die Kindheit eines Chefs. Erzählungen, übers. von Uli Aumüller, Reinbek 1985, S. 28 f.

8 Wand, S. 29.

9 Wand, S. 31.

10 Jean-Paul Sartre: Geschlossene Gesellschaft. Stück in einem Akt, neu übers. von Traugott König, Reinbek 1991, S. 58.

11 Gesellschaft, S. 28.

12 Gesellschaft, S. 56 f.

13 Jean-Paul Sartre: Mallarmés Engagement, hg. und übers. von Traugott König, Reinbek 1983, S. 9.

14 Jean-Paul Sartre: Die Kindheit eines Chefs, in: Die Kindheit eines Chefs. Erzählungen, Reinbek 1985, S. 126.

15 Kindheit, S. 126.

16 Ekel, S. 48.

17 Ekel, S. 50.

18 Briefe I, S. 7.

19 Im Gespräch 1973 mit Alice Schwarzer. In: Alice Schwarzer: Simone de Beauvoir. Rebellin und Wegbereiterin, Köln 1999, S. 63 f.

20 Walter van Rossum: Simone de Beauvoir und Jean-Paul Sartre. Die Kunst der Nähe, Reinbek 2001, S. 112, mit Blick auf Sartre formuliert.

21 Rossum, S. 110.

22 Rossum, S. 59.

23 Rossum, S. 46.

24 Zitiert nach Schwarzer, S. 65.

25 Rossum, S. 73.

26 Zitiert nach Rossum, S. 95.

27 Zitiert nach Beauvoir: Die Zeremonie des Abschieds, S. 406.

28 Rossum, S. 94.

3. Sartre im Kontext der französischen Philosophie

1 Heinrich Heine: Zur Geschichte der Philosophie und Religion in Deutschland, in: Heinrich Heine: Sämtliche Schriften in zwölf Bänden, hg. von Klaus Briegleb, Bd. 5: Schriften 1831–1837, hg. von Karl Pörnbacher, Frankfurt a. M./Berlin/Wien 1981, S. 638.

2 Maurice Merleau-Ponty: Phänomenologie der Wahrnehmung, Berlin 1966, S. 4 f.

3 Merleau-Ponty, S. 17 f. Vgl. auch S. 19 ff. zum »Rückgang auf die Phänomene«.

4 Julien Benda: Der Verrat der Intellektuellen, übers. von Arthur Merin, Frankfurt a. M. 1988.

5 Benda, S. 13.

6 Benda, S. 75.

7 Paul Nizan: Die Wachhunde, übers. von Traugott König, Reinbek 1993.

8 Nizan, S. 127 f.

9 Nizan, S. 135.

10 Nizan, S. 134 f.

11 Nizan, S. 183 f.

12 Vgl. Jean-Paul Sartre: Plädoyer für die Intellektuellen. Interviews, Artikel, Reden 1950–1973, übers. von Hilda von Born-Pilsach u. a., Reinbek 1989 und dort S. 114 die Bemerkung zu Paul Nizan.

13 Siehe die Vertiefung im folgenden Kapitel.

14 Vgl. Jean Wahl: Vers le concret. Etudes d'histoire de la philosophie contemporaine, Paris 1932.

15 Jean-Paul Sartre: Fragen der Methode, neu hg. von Arlette Elkaïm-Sartre, übers. von Vincent von Wroblewski, Reinbek 1999, S. 9.

16 Methode, S. 11. Vgl. Plädoyer, S. 90 ff. zur Rolle des Intellektuellen.

17 Methode, S. 14.

4. Sartres Theorie und Praxis des Engagements

1 Jean-Paul Sartre: Was ist Literatur?, hg. und übers. von Traugott König, Reinbek 1981, S. 11.

2 Literatur, S. 202.

3 Literatur, S. 202 f.

4 Literatur, S. 219 und S. 223.

5 Literatur, S. 55.

6 Literatur, S. 27, vgl. den ganzen Kontext.

7 Literatur, S. 41.

8 Literatur, S. 55.

9 Literatur, S. 217.

10 Literatur, S. 117.

11 Literatur, S. 54.

12 Literatur, S. 225.

13 Literatur, S. 35.

14 Lévy, S. 83.

15 Jean-Paul Sartre: Die schmutzigen Hände. Stück in sieben Bildern, neu übers. von Eva Groepler, Reinbek 1991, S. 158. Anmerkung zum Gespräch von Sartre mit Paolo Caruso.

16 Hände, S. 145. Sartre im Gespräch mit Paolo Caruso.

17 Annie Cohen-Solal: Sartre 1905–1980, Reinbek 1991, S. 529.

18 Hände, S. 147. Sartre im Gespräch mit Paolo Caruso.

19 Lévy, S. 554. Vgl. S. 409 ff. für die Stationen von Sartres Verirrung.

20 Cohen-Solal, S. 536.

21 Cohen-Solal, S. 539 f.

22 Vgl. Cohen-Solal, S. 513 ff. und Lévy, S. 391–406.

23 Lévy S. 393.

24 Zitiert nach Annemarie Pieper: Albert Camus, München 1984, S. 43.

25 Hände, S. 125.

26 Lévy, S. 398.

27 Cohen-Solal, S. 552.

28 Plädoyer, S. 22 sowie S. 33 und 37.

29 Plädoyer, S. 23.

30 Plädoyer, S. 23.

31 Plädoyer, S. 28.

32 Plädoyer, S. 31. Vgl. insgesamt Jean-Paul Sartre: Brüderlichkeit und Gewalt, Berlin 1993, S. 19 f. Sartre schränkt 1980 rückblickend seine kommunistische Weggenossenschaft auf die vier Jahre von 1951/52 bis 1956 ein.

33 Plädoyer, S. 480, 484 und 490.

34 Plädoyer, S. 490.

35 Plädoyer, S. 189.

36 Plädoyer, S. 38.

37 Plädoyer, S. 157.

38 Michael Walzer: Zweifel und Einmischung. Gesellschaftskritik im 20. Jahrhundert, Frankfurt a. M. 1991.

5. Die Freiheit der Wahl im existenziellen Individualismus

1 Zitiert nach Rafael Ferber: Philosophische Grundbegriffe 2, München 2003, S. 170.

2 Bei Kant gehören Gott, Freiheit und Unsterblichkeit zu dem Bereich der theoretischen Philosophie, der die Grenzen sicherer Erkenntnis überschreitet. Ihre Behandlung muss deshalb aporetisch bleiben. Im Rahmen der praktischen Philosophie versucht Kant jedoch mit einer Freiheitsunterstellung zu arbeiten, die eine Gleichsetzung der freien und vernünftigen Handlungen vornimmt. Auf das Thema der Freiheit bei Kant innerhalb der praktischen Philosophie gehe ich hier nicht ein.

3 Baruch de Spinoza: Ethik in geometrischer Ordnung dargestellt, neu übers., hg., mit einer Einleitung versehen von Wolfgang Bartuschat, Hamburg 1999, S. 7.

4 Jean-Paul Sartre: Der Existentialismus ist ein Humanismus, in: Jean-Paul Sartre: Philosophische Schriften I, übers. von Vincent von Wroblewski, Reinbek 1994, S. 121.

5 Existentialismus, S. 120.

6 Existentialismus, S. 125.

7 Existentialismus, S. 132.

8 Existentialismus, S. 142.

9 Jean-Paul Sartre: Kritik der dialektischen Vernunft, Bd. 1: Theorie der gesellschaftlichen Praxis, übers. von Traugott König, Reinbek 1967, S. 867.

10 Vgl. Sören Kierkegaard: Der Begriff Angst, Stuttgart 1992, S. 20.

11 Martin Heidegger: Sein und Zeit, Tübingen 1986, S. 19. Siehe dort ebenfalls: »Die Antwort ist nicht begriffen im Nachsagen dessen, was sie satzmäßig aussagt, zumal wenn sie als freischwebendes Resultat für eine bloße Kenntnisnahme eines von der bisherigen Behandlungsart vielleicht abweichenden ›Standpunktes‹ weitergereicht wird.«

12 Heidegger, S. 41 f.

13 Heidegger, S. 148.

6. *Das Sein und das Nichts:* Phänomenologie und Interpretation von Hegel, Husserl und Heidegger

1 Lévy, S. 537.
2 Hans-Georg Gadamer: Das Sein und das Nichts, in: Traugott König (Hg.): Sartre. Ein Kongreß, Reinbek 1988, S. 37.
3 Zitiert nach Beauvoir: Die Zeremonie des Abschieds, S. 229.
4 Gadamer (S. 39) stellt süffisant fest: »So kam Sartre mit der deutschen Philosophie in Kontakt. Insbesondere ist er von der Phänomenologie in Deutschland angeweht worden. Er ist damals nicht in Freiburg gewesen, wo man das wirklich lernen konnte, sondern nur in Berlin, wo man es nicht lernen konnte.«
5 Thomas Macho (Hg.): Sartre, München 1998, S. 33.
6 An Simone Jolivet. Briefe I, S. 27.
7 Edmund Husserl: Cartesianische Meditationen. Eine Einleitung in die Phänomenologie, in: Edmund Husserl: Cartesianische Meditationen und Pariser Vorträge, Haag 1963, S. 41–183. Zitat dort S. 51.
8 Heidegger, S. 31 und S. 35, vgl. S. 27 ff. für den Kontext.
9 Jean-Paul Sartre: Das Sein und das Nichts. Versuch einer phänomenologischen Ontologie, hg. von Traugott König, übers. von Hans Schöneberg und Traugott König, Reinbek 1993, S. 11.
10 Nichts, S. 11.
11 Nichts, S. 14.
12 Nichts, S. 17.
13 Nichts, S. 27.
14 Nichts, S. 35.
15 Nichts, S. 37.
16 Nichts, S. 63.
17 Nichts, S. 70; Vgl. S. 79.
18 Nichts, S. 83.
19 Nichts, S. 84.
20 Nichts, S. 90.
21 Nichts, S. 90.
22 Nichts, S. 91.
23 Nichts, S. 91.
24 Nichts, S. 96.
25 Nichts, S. 99.
26 Nichts, S. 108.
27 Nichts, S. 136.
28 Nichts, S. 132.

29 Nichts, S. 133.

30 Nichts, S. 134.

31 Nichts, S. 138.

32 Nichts, S. 138 f.

33 Nichts, S. 150.

34 Nichts, S. 150.

35 Nichts, S. 159.

36 Nichts, S. 163.

37 Nichts, S. 177.

38 Nichts, S. 177.

39 Nichts, S. 397.

40 Nichts, S. 424.

41 Nichts, S. 443.

42 Nichts, S. 452.

43 Nichts, S. 494.

44 Nichts, S. 464.

45 Wie im Kapitel 9 verdeutlicht wird, liegt hierin der Hauptkritikpunkt von Emmanuel Lévinas an Sartres Philosophie des Anderen.

46 Nichts, S. 471.

47 Nichts, S. 485.

48 Nichts, S. 485.

49 Nichts, S. 487.

50 Nichts, S. 638. Vgl. zum Leib besonders S. 580 ff.

51 Nichts, S. 664. Vgl. S. 638 ff. zur Liebe.

52 Nichts, S. 723.

53 Nichts, S. 747.

54 Lévy, S. 308.

55 Nichts, S. 836.

56 Nichts, S. 834.

57 Nichts, S. 836.

58 In Nichts, S. 833 ff., erläutert Sartre die Faktizität mit Ausdrücken wie »mein Platz«, »meine Vergangenheit«, »meine Umgebung«, »mein Nächster«, »mein Tod«.

59 Nichts, S. 950.

60 Nichts, S. 785.

61 Nichts, S. 986.

62 Nichts, S. 985.

63 Nichts, S. 1072. Letzter Satz des Buches.

7. *Fragen der Methode* und *Kritik der dialektischen Vernunft*: Neubestimmung von Freiheit und Gesellschaft in Auseinandersetzung mit Marx

1 Kritik, S. 867.

2 Kritik, S. 106.

3 Cohen-Solal, S. 576.

4 Lévy, S. 500 und schon S. 497.

5 Lévy, S. 480.

6 Methode, S. 14.

7 Methode, S. 23.

8 Methode, S. 23.

9 Methode, S. 23.

10 Methode, S. 30.

11 Methode, S. 33 f.

12 Methode, S. 50 f.

13 Methode, S. 34.

14 Methode, S. 56.

15 Methode, S. 37.

16 Methode, S. 43.

17 Methode, S. 61.

18 Methode, S. 65 f.

19 Methode, S. 69.

20 Methode, S. 70.

21 Methode, S. 72.

22 Siehe Kapitel 9 zum Humanismusstreit, der durch den Strukturalismus in Frankreich ausgelöst wird.

23 Methode, S. 92.

24 Methode, S. 94 ff.

25 Methode, S. 137.

26 Methode, S. 140.

27 Methode, S. 144.

28 Methode, S. 146.

29 Kritik, S. 21.

30 Kritik, S. 83.

31 Kritik, S. 870.

32 Kritik, S. 22.

33 Kritik, S. 23.

34 Ernst Bloch: Subjekt und Objekt. Erläuterungen zu Hegel, Frankfurt a. M. 1962. Charles Taylor: Hegel, Frankfurt a. M. 1978.

35 Kritik, S. 868.
36 Kritik, S. 46.
37 Kritik, S. 48 f.
38 Kritik, S. 57.
39 Kritik, S. 84.
40 Kritik, S. 97.
41 Kritik, S. 99.
42 Kritik, S. 100 ff.
43 Kritik, S. 270.
44 Kritik, S. 275.
45 Kritik, S. 351.
46 Kritik, S. 351.
47 Kritik, S. 354.
48 Kritik, S. 365.
49 Kritik, S. 717.
50 Kritik, S. 865.
51 Kritik, S. 420 f.
52 Kritik, S. 866.

8. *Der Idiot der Familie:* Situierte Freiheit und das Genre einer philosophischen Biographie

 1 Macho, S. 45.
 2 An Simone Jolivet. Briefe I, S. 10.
 3 Mallarmé, S. 103.
 4 Mallarmé, S. 98.
 5 Mallarmé, S. 114.
 6 Siehe bereits im vorangehenden Kapitel das Zitat aus Methode, S. 146.
 7 Jean-Paul Sartre: Der Idiot der Familie. Gustave Flaubert 1821–1857, hg. und übers. von Traugott König, Bd. I, Reinbek 1977, S. 7.
 8 Idiot, I, S. 71.
 9 Idiot, I, S. 51.
10 Idiot, I, S. 7.
11 Idiot, I, S. 86.
12 Idiot, I, S. 7 f.
13 Idiot, I, S. 39.

14 Idiot, I, S. 41.
15 Idiot, I, S. 46.
16 Idiot, I, S. 47.
17 Idiot, I, S. 56.
18 Idiot, I, S. 56.
19 Idiot, I, S. 183.
20 Idiot, I, S. 55.
21 Idiot, I, S. 107.
22 Idiot, I, S. 171.
23 Idiot, I, S. 107.
24 Idiot, I, S. 656.
25 Idiot, II, S. 15.
26 Idiot, II, S. 14.
27 Idiot, II, S. 16.
28 Idiot, II, S. 25.
29 Idiot, II, S. 849.
30 Idiot, III, S. 4 u. ö.
31 Idiot, IV, S. 37.
32 Idiot, IV, S. 38.

9. Sartre im Humanismusstreit: Zum philosophischen Dialog mit dem späten Heidegger, dem Strukturalismus, Foucault und Lévinas

1 Cohen-Solal, S. 679. Vgl. S. 707f.
2 Martin Heidegger: Über den Humanismus [Druckfassung des Briefes an Jean Beaufret], Frankfurt a. M. 1949.
3 Heidegger: Humanismus, S. 28.
4 Heidegger: Humanismus, S. 10.
5 Siehe die folgende auf Deutsch erschienene Grundlagenliteratur zum Strukturalismus: Günther Schiwy: Der französische Strukturalismus, Mode–Methode–Ideologie, Reinbek 1969. Vincent Descombes: Das Selbe und das Andere, Frankfurt a. M. 1981. Manfred Frank: Was ist Neostrukturalismus?, Frankfrut a. M. 1984. Gilles Deleuze: Woran erkennt man den Strukturalismus?, Berlin 1992.
6 Descombes, S. 92f.
7 Gerda Pagel: Jacques Lacan zur Einführung, Hamburg 1989.
8 So formuliert bei Descombes, S. 126.

9 Descombes, S. 129.

10 Descomber, S. 103.

11 Claude Lévi-Strauss: Traurige Tropen, Frankfurt a. M. 1978, S. 51.

12 Claude Lévi-Strauss: Das wilde Denken, Frankfurt a. M. 1968, S. 287. Vgl. insgesamt S. 282 ff.

13 Lévi-Strauss: Das wilde Denken, S. 284.

14 Didier Eribon: Michel Foucault. Eine Biographie, Frankfurt a. M. 1993. Urs Marti: Michel Foucault, München 1988. Hinrich Fink-Eitel: Foucault zur Einführung, Hamburg 1992.

15 Lévy, S. 248 f.

16 Lévy, S. 249.

17 Michel Foucault: Die Ordnung der Dinge. Eine Archäologie der Humanwissenschaften, Frankfurt a. M. 1971, S. 462.

18 Michel Foucault: Sexualität und Wahrheit, Bd. 2: Der Gebrauch der Lüste, Frankfurt a. M. 1986, S. 118 und 122.

19 Jacques Derrida (1930–2004) ist zwar nur wenige Jahre jünger als Foucault, aber mit seiner späten Habilitation im Jahre 1980 gehört er intellektuell einer jüngeren Generation an und nicht mehr in das Umfeld Sartres. Deshalb gehe ich auf Derridas Dekonstruktion im Kontext von Sartre nicht ein.

20 Siehe Emmanuel Lévinas: Die Spur des Anderen. Untersuchungen zur Phänomenologie und Sozialphilosophie, Freiburg/München 1983. Vgl. Wolfgang Nikolaus Krewani: Emmanuel Levinas. Denker des Anderen, Freiburg/München 1992.

21 Lévinas, S. 199 und 206.

10. Sartre in der Philosophie des 21. Jahrhunderts

1 Zitiert nach Beauvoir: Die Zeremonie des Abschieds, S. 15.

Kommentierte Bibliografie

1. Primärliteratur

a) Gesammelte Werke in deutscher Übersetzung

Die Werke Sartres erscheinen auf Deutsch im Rowohlt Verlag. Dort liegen die *Gesammelten Werke* Jean-Paul Sartres in acht Taschenbuchkassetten vor (in Zusammenarbeit mit dem Autor und Arlette Elkaïm-Sartre hg. von Traugott König). Die mit Bandangaben versehenen Kassetten sind erschienen.

Kassette 1: Schriften zur Literatur (8 Bände)

Kassette 2: Romane und Erzählungen (4 Bände)

Kassette 3: Theaterstücke (9 Bände)

Kassette 4: Drehbücher

Kassette 5: Politische Schriften (4 Bände)

Kassette 6: Autobiographische Schriften. Briefe. Tagebücher (6 Bände)

Kassette 7: Philosophische Schriften (4 Bände; weitere Bände fehlen bisher)

Kassette 8: Schriften zur bildenden Kunst und Musik. Reisen.

In Einzelausgaben liegen auch Teile des Werks vor, die noch nicht Eingang in die *Gesammelten Werke* gefunden haben. Dies gilt für die *Kritik der dialektischen Vernunft* ebenso wie für *Fragen der Methode* (ersetzt die alte Ausgabe mit dem Titel *Marxismus und Existentialismus*). Der ursprünglich in einer Ausgabe des Ullstein Verlags verbreitete populäre Text *Der Existentialismus ist ein Humanismus* erscheint jetzt in einer Sammlung der *Philosophischen Essays* der Jahre 1943–1948, die bei den oben genannten Kassetten den Band I der *Philosophischen Schriften* bildet. *Der Idiot der Familie* gehört zu den *Schriften zur Literatur*.

b) Werkauswahl

Baudelaire
Baudelaire. Ein Essay, mit einem Vorwort von Michel Leiris, übers. von Beate Mohring, neu hg. und mit einem Nachwort von Dolf Oehler, Reinbek 1978.

Briefe
Briefe an Simone de Beauvoir und andere, hg. von Simone de Beauvoir, Bd. I: 1926–1939. Bd. II: 1940–1963, übers. von Andrea Spingler, Reinbek 1984–1985.

Ekel
Der Ekel, übers. von Uli Aumüller, Reinbek 1981.

Existentialismus
Der Existentialismus ist ein Humanismus, in: Philosophische Schriften I, übers. von Vincent von Wroblewski, Reinbek 1994, S. 117–155.

Genet
Saint Genet, Komödiant und Märtyrer, übers. von Ursula Dörrenbächer, Reinbek 1982.

Gesellschaft
Geschlossene Gesellschaft. Stück in einem Akt, neu übers. von Traugott König, Reinbek 1991.

Hände
Die schmutzigen Hände. Stück in sieben Bildern, neu übers. von Eva Groepler, Reinbek 1991.

Idiot
Der Idiot der Familie. Gustave Flaubert 1821–1857, Bd. I: Die Konstitution, Bd. II: Die Personalisation, Bd. III: Elbehnon oder Die letzte Spirale, Bd. IV: Objektive und subjektive Neurose, übers. und hg. von Traugott König, Reinbek 1977–1979.

Kindheit
Die Kindheit eines Chefs, in: Jean-Paul Sartre: Die Kindheit eines Chefs. Erzählungen, übers. von Uli Aumüller, Reinbek 1985, S. 108–178.

Kritik
Kritik der dialektischen Vernunft, Bd. 1: Theorie der gesellschaftlichen Praxis, übers. von Traugott König, Reinbek 1967.

Literatur
Was ist Literatur? hg., neu übers. und mit einem Nachwort von Traugott König. Reinbek 1981.

Mallarmé
Mallarmés Engagement. Mallarmé (1842–1898), hg. und übers. von Traugott König, Reinbek 1983.

Methode
Fragen der Methode, neu hg. und mit Anmerkungen versehen von Arlette Elkaïm-Sartre, übers. von Vincent von Wroblewski, Reinbek 1999.

Nichts
Das Sein und das Nichts. Versuch einer phänomenologischen Ontologie, hg. von Traugott König, übers. von Hans Schöneberg und Traugott König, Reinbek 1993.

Plädoyer
Plädoyer für die Intellektuellen. Interviews, Artikel, Reden 1950–1973, übers. von Hilda von Born-Pilsach, Eva Groepler, Traugott König, Irma Reblitz, Vincent von Wroblewski, Reinbek 1995.

Tagebücher
Tagebücher November 1939–März 1940, übers. von Eva Moldenhauer, Reinbek 1984.

Wand
Die Wand, in: Jean-Paul Sartre: Die Kindheit eines Chefs. Erzählungen, übers. von Uli Aumüller, Reinbek 1985, S. 11–31.

Wege
Die Wege der Freiheit, Bd. 1: Die Zeit der Reife, Bd. 2: Der Aufschub, Bd. 3: Der Pfahl im Fleische, übers. von Uli Aumüller, Reinbek 1986–1987.

Wörter
Die Wörter, übers. und mit einer Nachbemerkung von Hans Mayer, Reinbek 1965.

2. Sekundärliteratur

Die folgende Kommentierung der Sekundärliteratur konzentriert sich auf einige in Deutschland gut greifbare Werke zur Biografie Sartres, Einführungen in das Gesamtwerk, vertiefende Literatur und auf Werke zum Kontext der französischen Gegenwartsphilosophie.

a) Zur Biographie Sartres

Annie Cohen-Solal: Sartre 1905–1980, Reinbek 1991.
Umfangreiche Gesamtdarstellung des Lebens von Sartre; das Werk wird nur am Rande gestreift. Der Leser erfährt viele Details; gelegentlich wirkt der Plauderton des Buchs störend.

Christa Hackenesch: Jean-Paul Sartre, Reinbek 2001.
Gut geschriebene und zuverlässige Gesamtdarstellung von Leben und Werk Sartres, löst die inzwischen veraltete Rowohlt-Monographie von Walter Biemel ab, die bereits 1964 veröffentlicht wurde. Das Buch kann auch als einführende Gesamtdarstellung genommen werden.

Walter van Rossum: Simone de Beauvoir und Jean-Paul Sartre. Die Kunst der Nähe, Reinbek 2001.
Der Autor wirft einen neuen wohlwollenden Blick auf das berühmteste Paar des 20. Jahrhunderts. Dazu benutzt er auch den jetzt vorliegenden Briefwechsel zwischen den beiden. Bei aller Offenheit und Direktheit ist gleichzeitig eine wohltuende Diskretion und das Fehlen einer voyeuristischen Perspektive positiv hervorzuheben.

Alice Schwarzer: Simone de Beauvoir. Rebellin und Wegbereiterin, Köln 1999.
Da in dieser Einführung zu Sartre die Rolle von Simone de Beauvoir nicht zureichend gewürdigt werden kann, mag der Hinweis auf Alice Schwarzers Deutung von de Beauvoir als Wegbereiterin des Feminismus besonders wichtig sein. Für die Biografie beider ist das in dieser Textsammlung enthaltene Gespräch von Schwarzer mit de Beauvoir und Sartre besonders wichtig.

b) Einführende Gesamtdarstellungen

Walter Biemel: J.-P. Sartre: Die Faszination der Freiheit, in: Josef Speck (Hg.): Grundprobleme der großen Philosophen. Philosophie der Gegenwart V: Jaspers, Heidegger, Sartre, Camus, Wust, Marcel, Göttingen 1982, S. 87–125.

In dieser Reihe zur Einführung in die großen Philosophen aus Vergangenheit und Gegenwart legt Walter Biemel eine auf die Freiheit akzentuierte Darstellung von Sartre in kompakter Form vor. Im Mittelpunkt stehen *Das Sein und das Nichts* und die *Kritik der dialektischen Vernunft*, aber auch die literarischen Werke finden Berücksichtigung.

Arthur C. Danto: Sartre, Göttingen 1992 (auf Englisch zuerst erschienen 1975).

Danto versucht Sartre in einem ihm zunächst nicht wohlgesonnenen philosophischen Umfeld attraktiv zu machen, indem er Anknüpfungspunkte Sartres an die angelsächsische Debatte sucht und findet. Eine der ersten Gesamtdarstellungen zu Sartre, die bis heute lesenswert geblieben ist.

Bernard-Henri Lévy: Sartre. Der Philosoph des 20. Jahrhunderts, München/Wien 2002.

Ein großes Buch über Sartre von einem »Neuen Philosophen«, der sich ursprünglich in skeptischer Distanz zu Sartre gesehen hat. Lévys Sympathien sind eindeutig auf Seiten des frühen Sartre, der sich noch nicht in die Fänge des totalitären Marxismus begeben hat. Sartre wird als absoluter Intellektueller gedeutet, der zumindest in Frankreich der maßgebliche Philosoph des 20. Jahrhunderts ist.

Thomas Macho (Hg.): Sartre, München 1998.

In der von Peter Sloterdijk herausgegebenen Reihe »Philosophie jetzt« hat Thomas Macho Schriften von Sartre ausgewählt und in einer Einleitung souverän kommentiert. Peter Sloterdijk steuert eine kurze furiose Vorbemerkung bei.

Martin Suhr: Sartre zur Einführung, Hamburg 1989.

Eine klare und pointierte Einführung zu Sartre, die sich stark auf *Das Sein und das Nichts* als einem der philosophischen Hauptwerke konzentriert. Die Anknüpfung Sartres an Hegels Philosophie wird besonders markant herausgearbeitet.

c) Vertiefende Literatur

Traugott König (Hg.): Sartre. Ein Kongreß, Reinbek 1988.
Der internationale Sartre-Kongress vom 9. bis 12. Juli 1987 wird in diesem Sammelband dokumentiert. Es finden sich profilierte Beiträge zum Thema Subjektivität und Intersubjektivität bei Sartre, zu seiner Ästhetik, Geschichts- und Sozialphilosophie, zum Verhältnis zum Strukturalismus und zu seinem Dasein als Intellektueller. Eingeleitet wird der Band durch die Vorträge von Hans-Georg Gadamer, der von seiner Erstbegegnung mit dem Werk *Das Sein und das Nicht* erzählt, und von Herbert Schnädelbach, der Sartre in Beziehung zur Frankfurter Schule setzt.

Traugott König (Hg.): Sartres Flaubert lesen. Essays zu »Der Idiot der Familie«, Reinbek 1980.
Dieser Band versammelt einige Aufsätze, die sich mit dem damals gerade auf Deutsch erschienenen Werk beschäftigen. Da seitdem weitere Literatur zum *Idiot der Familie* in nennenswertem Umfang nicht erschienen ist, kann dieser Band nach wie vor als aktuell gelten.

Bernard N. Schumacher (Hg.): Jean-Paul Sartre: Das Sein und das Nichts, Berlin 2003.
Wichtiger Kommentarband mit ausgewiesenen Experten zu Sartres Hauptwerk, erschienen in der Reihe »Klassiker auslegen«. Nach einer Einleitung werden in zwölf Beiträgen die einzelnen Abschnitte des Werks erläutert und diskutiert.

d) Sartre im Kontext

Régis Debray: »Voltaire verhaftet man nicht!« Die Intellektuellen und die Macht in Frankreich, Köln 1981.
Vincent Descombes: Das Selbe und das Andere. Fünfundvierzig Jahre Philosophie in Frankreich 1933–1978, Frankfurt a. M. 1981.
Christina Howells (Hg.): The Cambridge Companion to Sartre, Cambridge 1992.
Emil Kaufmann: Macht und Arbeit. Jean-Paul Sartre und die europäische Neuzeit, Würzburg 1988.
Wolf Lepenies: Die drei Kulturen. Soziologie zwischen Literatur und Wissenschaft, München/Wien 1985.

Paul A. Schilpp (Hg.): The Philosophy of Jean-Paul Sartre, La Salle, Illinois 1981.

Bernhard Taureck: Französische Philosophie im 20. Jahrhundert. Analysen, Texte, Kommentare, Reinbek 1988.

Gianni Vattimo: Kurze Geschichte der Philosophie im 20. Jahrhundert. Eine Einführung, Freiburg im Br. 2002.

Bernhard Waldenfels: Phänomenologie in Frankreich, Frankfurt a. M. 1983.

Schlüsselbegriffe

Anerkennung In der Tradition Hegels die Betonung einer Abhängigkeit des Selbstwertempfindens des Ich vom Anderen. Prototypisch sind Herr und Knecht bei Hegel in ihrer wechselseitigen Anerkennung aufeinander verwiesen. Sartre knüpft an die Tradition der Anerkennung im Rahmen seiner Analyse des Anderen mit Hilfe des Blickes an.

Der Andere Sartre versucht, mit dem Begriff des Anderen die Isolation des Subjekts zu überschreiten. Zentral ist der Blick des Anderen, der zur eigenen Selbsterkenntnis führt. Insbesondere Lévinas kritisiert die inkonsequente Berücksichtigung des Anderen bei Sartre.

An-sich Von Sartre übernommener hegelscher Ausdruck für das Wesen von Dingen. Während bei Hegel das An-sich für ein erstes Stadium der Dialektik mit schlussendlicher Aufhebung in ein An-und-Für-sich steht, nutzt Sartre diesen Begriff fast dualistisch im Gegensatz zum Für-sich als Ausdruck für statische, nicht-menschliche Gegenstände.

Bewusstseinsphilosophie Die mit Descartes und seinem Cogito (»Ich denke, also bin ich«) beginnende Zentralstellung des Bewusstseins als Ausgangspunkt der menschlichen Welterschließung. Sartre knüpft an Descartes' Cogito direkt an, verteidigt es gegen Heideggers Kritik und erweitert es um die Dimensionen der Zeitlichkeit, der Leiblichkeit und des Anderen.

Dasein Heideggers Ausdruck für den Menschen, von Sartre übernommen.

Determinismus Die von Sartre als Gegenthese zur Willensfreiheit vehement abgelehnte Auffassung, wonach nicht nur alle Naturereignisse kausale Ursachen haben, sondern auch menschliche Handlungen. Als Determinationen sind in der traditionellen Philosophie vor allem die göttliche Vorsehung und neuzeitlich besonders die Mechanismen der Physik angesehen worden. Heute ist insbesondere ein psychologischer und gesellschaftlicher Determinismus verbreitet, aber zunehmend auch ein auf das Gehirn des Menschen Bezug nehmender neurobiologischer.

Dialektik Grundbegriff der Philosophie, besonders bei Hegel und Marx, aber auch schon bei Platon und – in kritischer Ausrichtung – bei Kant. Von Sartre in einer eigenen Version in der *Kritik der dialektischen Vernunft* verwendet (siehe Kapitel 7).

Faktizität Sartres Ausdruck für die Begrenzungen, die der Freiheit des Individuums durch seine Situiertheit vorgegeben sind. Dazu gehören die eigene Vergangenheit, die jeweilige soziale und geografische Umgebung, der je eigene Tod u. a. Für Sartre wird die Freiheit des Menschen durch die Faktizität nicht aufgehoben.

Freiheit Als Wahlfreiheit ein Kernbegriff bei Sartre; von politischer Freiheit und ökonomischer Freiheit sind die Handlungsfreiheit und die Willensfreiheit zu unterscheiden (siehe Kapitel 5).

Für-sich Von Sartre übernommener hegelscher Ausdruck für das menschliche Bewusstsein. Bei Hegel erfährt das Für-sich – beim frühen Marx besonders betont – eine Tönung in Richtung auf das entfremdete menschliche Bewusstsein (da Hegel im Gegensatz zu Sartre an eine fundamentale Aufhebung des Für-sich in ein An-und-Für-sich glaubt).

Humanismus Umgangssprachlich eine meist atheistische Wertorientierung am Menschen. Beim frühen Sartre hat der Begriff eine antitheologische und antimarxistische Tönung, während bei Heidegger eine Kritik am Humanismus als Ablehnung der Subjektphilosophie formuliert wird.

Kehre So charakterisiert Heidegger seine vollständige Abwendung von der Subjektphilosophie, die auch *Sein und Zeit* noch geprägt habe, zu einer reinen Seinsphilosophie.

Konstitution Die Prägung eines Individuums durch die jeweiligen zeitbedingten Umstände.

Leib Für Sartre und in der Phänomenologie überhaupt der »psychische Körper« (Nichts, S. 543), der von der naturwissenschaftlich erfassbaren Körperwelt abgegrenzt wird.

Metaphysik Die Metaphysik gilt als Königsdisziplin der Philosophie, weil sie versucht, das Ganze des Seins auf den Begriff zu bringen. In der neuzeitlichen Philosophie – vertreten zum Beispiel durch Immanuel Kants *Kritik der reinen Vernunft* – dominiert die Skepsis gegenüber der Metaphysik, weil sie als bloße Spekulation gilt, die einer erkenntniskritischen Betrachtung nicht standhält. Sartre geht auf den Spuren von Hegel und Heidegger davon aus, dass eine philosophische Metaphysik weiterhin möglich ist und wir keineswegs in einem nachmetaphysischen Zeitalter leben. Als Methode der Metaphysik wählt er die Phänomenologie.

Nichts Bei Sartre Gegenbegriff zum Sein. In einem wörtlichen Sinne »gibt« es das Nichts nicht, auch wenn manche Formulierungen Sartres dies suggerieren. Vielmehr steht das Nichts (oder auch die Nichtung) für die abstrakt zu denkende metaphysische Erfordernis, die Veränderung und Freiheit in ein statisches Sein bringt. Der Begriff des Nichts bedarf unabhängig vom Werk Sartres einer vorsichtigen Verwendung, da er im Sinne der analytischen Logik unter dem Generalverdacht der Sinnlosigkeit steht.

Ontologie Das Gebiet der Philosophie, das sich seit der Antike mit der Frage nach dem Sein beschäftigt. Nachdem die Seinsfrage in der Neuzeit vor allem durch die Erkenntnisfrage an den Rand der Philosophie gedrängt worden ist, versucht Heidegger erneut, Philosophie als Ontologie zu betreiben. Sartre schließt sich dem in seinem Werk *Das Sein und das Nichts* an.

Personalisation Die Selbstwerdung einer Person auf der Basis ihrer Konstitution.

Phänomenologie Auf Husserl zurückgehende Richtung der Philosophie, die zunächst auf Urteile verzichten will, um so den Phänomenen ohne Verstellung durch Theorien ihr Recht zu lassen.

Progressiv–regressive Methode Versuch einer Vermittlung von Allgemeinem und Besonderem. Sartre verwendet die Methode besonders in Biografien, um in Bezug auf die allgemeine Zeitbedingtheit und die Sozialisation das besondere Individuum zu erschließen.

Sein Abstrakter Grundbegriff der abendländischen Metaphysik, um hinter den Erscheinungen Grundlegendes und Gleichbleibendes der Welt auf den Begriff zu bringen. Im 20. Jahrhundert stellt Heidegger die Beschäftigung mit dem Sein in eine neue Dimension, indem er die Geschichtlichkeit in die Betrachtung des Seins einführt. Sartre folgt Heideggers Perspektive auf das Sein in wesentlichen Punkten.

Subjekt-Objekt-Schema Insbesondere in der neuzeitlichen Bewusstseinsphilosophie zentrale Gegenüberstellung von Ich und Welt, die in der Philosophie des 20. Jahrhunderts auf unterschiedliche Art und Weise von Wittgenstein und Heidegger als Irrweg der Philosophie kritisiert wird. Sartre hält gegen Heidegger am Subjekt-Objekt-Schema fest.

Unaufrichtigkeit Versuch des Menschen, sein eigenes Für-sich und damit die Ermöglichung von Freiheit zu leugnen und sich so zum An-sich zu degradieren.

Verantwortung Bei Sartre zentral als Kehrseite der Freiheit und des Atheismus, der Mensch ist radikal sich selbst gegenüber verantwortlich und keiner Außeninstanz.

Zeittafel

1905	Jean-Paul Sartre wird am 21. Juni in Paris geboren.
1906	Der Vater stirbt; Jean-Paul lebt mit der Mutter und den Großeltern in Meudon. Der Großvater verkörpert ein gebildetes liberales Bürgertum; nicht zuletzt als Onkel von Albert Schweitzer steht er für die Verbindung der Familie zum Protestantismus.
1917	Die Mutter heiratet ein zweites Mal und die Familie zieht nach La Rochelle.
1924–1929	Sartre besucht die École Normale Supérieure, eine Eliteuniversität in Paris. Kurz vor dem Examen lernt er Simone de Beauvoir kennen (nachdem er 1928 die Prüfung zunächst nicht bestanden hat).
1929–1931	Militärdienst in Tours.
1931–1936	Sartre unterrichtet Philosophie am Gymnasium in Le Havre.
1933	Studienaufenthalt in Berlin (kurz nach der Machtergreifung der Nationalsozialisten); Studium u. a. von Husserl.
1936	Veröffentlichung von *L'imagination (Die Imagination)*.
1936–1937	Gymnasiallehrer in Laon.
1937	Veröffentlichung von *La transcendance de l'ego (Die Transzendenz des Ego)*.
1937–1939	Gymnasiallehrer in Paris.
1938	Veröffentlichung von *La Nausée (Der Ekel)*.
1939	Veröffentlichung von *Esquisse d'un théorie des émotions (Skizze einer Theorie der Emotionen)* und Einberufung zum Kriegsdienst.
1940	*L'imaginaire (Das Imaginäre)* wird veröffentlicht; Kriegsgefangenschaft.
1941	Flucht aus dem Kriegsgefangenenlager mit gefälschten Entlassungspapieren; anschließend Gründung einer kurzlebigen Widerstandsgruppe zusammen mit Merleau-Ponty.
1943	Veröffentlichung von *L'être et le néant. Essai d'ontologie phénoménologique (Das Sein und das Nichts. Versuch*

einer phänomenologischen Ontologie). Artikel für die illegale Presse zusammen mit Camus, Blanchot und Bataille.

1945 Veröffentlichung von *Huis clos (Geschlossene Gesellschaft)* sowie *L'âge de raison* und *Le sursis* als *Les chemins de la liberté* 1 und 2 (*Zeit der Reife* und *Der Aufschub* als Band 1 und 2 aus *Die Wege der Freiheit*). Reise in die USA. Erste Nummer der Zeitschrift *Les temps modernes* erscheint.

1946 Veröffentlichung von *L'existentialisme est un humanisme (Der Existentialismus ist ein Humanismus).*

1947 Veröffentlichung von *Baudelaire (Baudelaire. Ein Essay)* und *Les mouches (Die Fliegen).*

1948 Veröffentlichung von *Les mains sales (Die schmutzigen Hände)* sowie *Qu' est-ce que la littérature? (Was ist Literatur?)*; der Vatikan setzt Sartres Werke auf den Index der verbotenen Bücher.

1949 Veröffentlichung von *La mort dans l'âme* als *Les chemins de la liberté* 3 *(Der Pfahl im Fleische. Die Wege der Freiheit 3).* Besuch von Guatemala, Panama, Curaçao, Haiti und Kuba.

1952 Veröffentlichung von *Saint Genet, comédien et martyr (Saint Genet, Komödiant und Märtyrer)*; endgültiger Bruch mit Camus angesichts der Frage nach der Berechtigung unmoralischer Mittel zur Erreichung von positiv eingeschätzten Zielen.

1954 Reise in die Sowjetunion und Veröffentlichung von *Kean.*

1955 Reise nach China.

1956 Beginn des Engagements gegen den Algerienkrieg und Stellungnahme zum Einmarsch der sowjetischen Truppen in Ungarn.

1960 Reise nach Kuba. Veröffentlichung von *Les séquestrés d'Altona (Die Eingeschlossenen von Altona)* und von *Critiques de la raison dialectique. Tome 1: Théorie des ensembles pratiques (Kritik der dialektischen Vernunft. Band 1: Theorie der gesellschaftlichen Praxis)*, darin enthalten *Questions de méthode* (auf Deutsch getrennt veröffentlicht als *Marxismus und Existentialismus,* später als *Fragen der Methode*).

1962	Reise nach Polen und erneut in die Sowjetunion, dabei Treffen mit Chruschtschow.
1964	Veröffentlichung von *Les mots (Die Wörter)* und Literaturnobelpreis, den Sartre aber nicht annimmt.
1965	Veröffentlichung von *Les Troyennes (Die Troerinnen)*.
1966–1967	Engagement im Russell-Tribunal zur Untersuchung amerikanischer Kriegsverbrechen in Vietnam.
1967	Vorlesungen in Ägypten, Treffen mit Nasser, Reise nach Israel und Japan.
1968	Unterstützung der Protestbewegung vom Mai 1968; Kritik an der Kommunistischen Partei Frankreichs für deren mangelnde Unterstützung; Protest gegen den Einmarsch des Warschauer Paktes in Prag.
1970	Übernahme von Verantwortung für die maoistische Zeitschrift *La Cause du peuple*; die beiden Vorgänger in diesem Amt wurden inhaftiert.
1971–1972	*L'idiot de la famille. Gustave Flaubert de 1821 à 1857 (Der Idiot der Familie. Gustave Flaubert 1821 bis 1857)*.
1973	Sartre erblindet zunehmend. Unterstützung Israels im Jom-Kippur-Krieg.
1974	Besuch bei Andreas Baader im Gefängnis Stuttgart-Stammheim und Kritik an dessen Haftbedingungen.
1975	Besuch Portugals.
1977	Veröffentlichung von *Sartre. Un film (Sartre. Ein Film)*.
1980	Sartre stirbt am 15. April in einem Pariser Krankenhaus; am 19. April folgt eine Menge von 50 000 Menschen seinem Sarg zum Friedhof Montparnasse.

Nach seinem Tod werden veröffentlicht: die Tagebücher Sartres von November 1939 bis März 1940 (1983), *Aufzeichnungen zu einer Moral* (1983), die *Briefe an Simone de Beauvoir und andere* (1983), das Drehbuch zu *Freud* (1984), die Fragmente zum zweiten Band der *Kritik der dialektischen Vernunft* (1986) und *Mallarmés Engagement* (1986).

Dank

Ulrike Wesser und Christian Höfig waren die ersten Leser dieses Textes. Ihre kritischen Bemerkungen haben mir viele Verbesserungen ermöglicht; deshalb danke ich ihnen herzlich.

Grundwissen Philosophie

Grundwissen Philosophie führt zugleich anspruchsvoll und dennoch verständlich in die zentralen Fragestellungen der Philosophie ein. Unterstützt von einem renommierten wissenschaftlichen Beirat vermitteln unsere Autoren gleichermaßen dem philosophisch interessierten allgemeinen Publikum sowie dem Fachpublikum (Schüler, Lehrer, Studenten) fundierte Kenntnisse. In der Reihe erscheinen alle bedeutenden Personen und Sachthemen, die vermittelt oder unmittelbar im Kontext aktueller gesellschaftlicher Fragestellungen eine Rolle spielen. Jeder Band enthält:

Kernthesen
Mit einer problemorientierten Hinführung wird dem Leser Basiswissen für eine weiterführende kritische Auseinandersetzung mit dem jeweiligen Autor / Thema vermittelt.

Schlüsselbegriffe
Zentrale Termini werden noch einmal gesondert dargestellt, um einen schnellen und unkomplizierten Überblick zu ermöglichen.

Zeittafel
Wichtige Lebensdaten und Werke sind hier schnell aufzufinden.

Kommentierte Bibliographie
Weiterführende Literatur wird im Anhang fundiert kommentiert, um dem Leser Orientierung bei der oftmals unübersichtlichen Vielzahl der Literatur zu bieten.

... reihenweise
Wissen

Herbert Schnädelbach: Kant
160 Seiten, RBL 20124
€ [D] 9,90 / € [A] 10,20 / sFr 18,10
ISBN 3-379-20124-3

Kant ist nicht nur der wirkungsmächtigste Philosoph des ausgehenden 18. Jahrhunderts, sondern darüber hinaus der philosophische Klassiker unserer Epoche – der klassische Philosoph der Moderne.

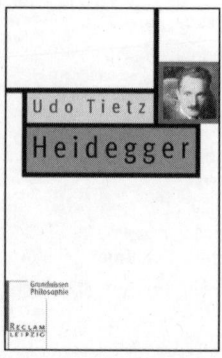

Udo Tietz: Heidegger
168 Seiten, RBL 20117
€ [D] 9,90 / € [A] 10,20 / sFr 18,10
ISBN 3-379-20117-0

Einflussreich, vieldiskutiert und heftig umstritten – der Philosoph, der das Sein wieder ins Zentrum des Denkens rückte.

Dirk Baecker: Kommunikation
120 Seiten, RBL 20119
€ [D] 9,90 / € [A] 10,20 / sFr 18,10
ISBN 3-379-20119-7

Wie ist Kommunikation möglich, wenn die Gedanken eines jeden Menschen in seiner Brust verschlossen sind, fragt die europäische Philosophie seit John Locke. Nur deswegen, weil das so ist, ist Kommunikation möglich, antwortet die moderne Soziologie.

Detlef Horster: Sozialphilosophie
160 Seiten, RBL 20118
€ [D] 9,90 / € [A] 10,20 / sFr 18,10
ISBN 3-379-20118-9

Soziale Wandlungsprozesse erfordern neue Sehweisen von Politik und Kultur, von Individuum und Gesellschaft. Dieses Buch stellt die philosophischen und soziologischen Perspektiven vor, die zur Neuorientierung der menschlichen Gemeinschaft unverzichtbar sind.

Reinhard Mehring: Politische Philosophie
139 Seiten, RBL 20121
€ [D] 9,90 / € [A] 10,20 / sFr 18,10
ISBN 3-379-20121-9

Reinhard Mehring erläutert den systematischen Ansatz Politischer Philosophie, geht ihren literarischen Traditionen nach und beschäftigt sich mit ihren aktuellen Aufgaben.